KB242077

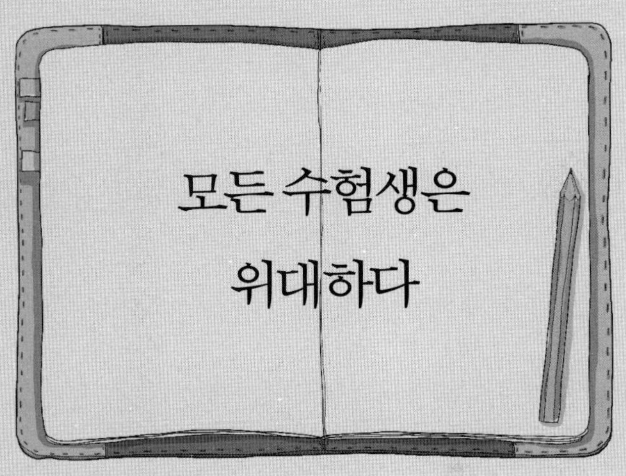
모든 수험생은
위대하다

진짜 공신들의

고등 3년
대입 마스터플랜

진짜 공신들의 고등 3년 대입 마스터플랜

배준우 지음

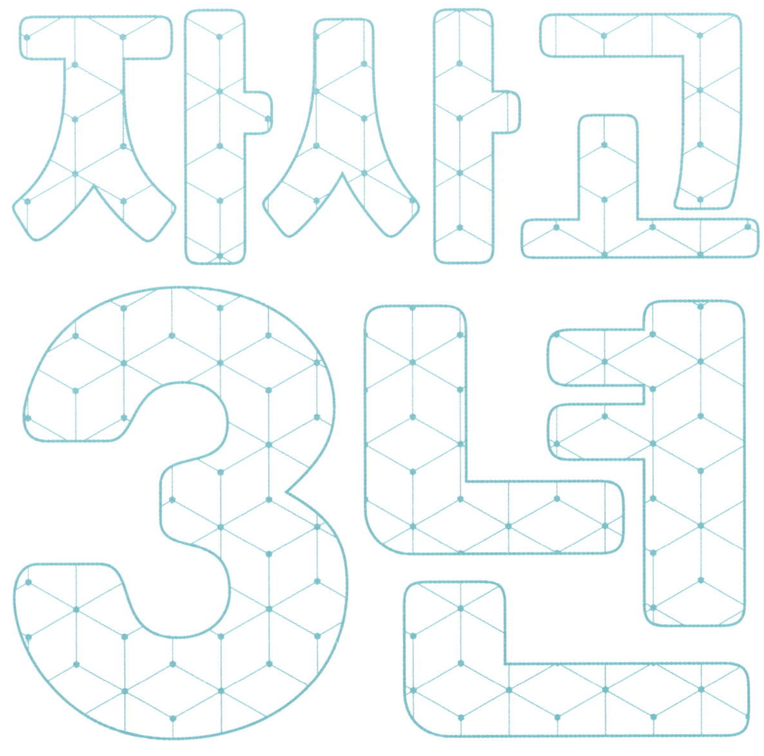

더디퍼런스

대학 입시를 처음 치르는 경우, 대부분의 부모들은 걱정이 앞선다. 특히 큰아이가 처음으로 고3이 되는 경우라면 더더욱 그렇다. 부모 자신도 대학 입시에 대하여 아무것도 모르기 때문에 어떻게 대학을 보내야 할지 참으로 막막한 것이다.

일반적으로는 입시를 먼저 경험한 이웃 또는 친척에게 문의하거나, 각종 입시설명회를 다니면서 정보를 얻는다. 그러나 다양하게 얻을 수 있을지는 몰라도, 어떻게 적용할 것인지에 대해서는 명쾌한 정답을 얻지 못하는 경우가 대부분이다.

무엇보다 명심해야만 하는 중요한 포인트가 있다. 바로 '대학 입시에도 전략이 필요하다'는 것 그리고 '대학 입시의 흐름을 잘 알고 있는 사람은 반드시 합격한다'는 것이다.

　현재 우리나라 고3 학생들은 답답한 것이 많은, 참으로 어려운 상황 속에 있다. 그 이유는 크게 둘을 꼽을 수 있다.

　하나는 자신의 현재 성적이 어느 정도이며, 앞으로 어떤 대학까지 진학 가능한지 알기 어렵다는 점이다. 그리고 다른 하나는 진학하고 싶은 대학의 성적이 어느 정도인지를 잘 모르는 경우가 많다는 점이다. 왜냐하면 학교 현장의 선생님들이 자신이 맡고 있는 모든 학생들에게 처음부터 친절히 입시를 설명해주며 대학에 보내려고 노력하는 것은 사실상 현실적으로 거의 불가능하기 때문이다.

　10년간 3학년 담임을 맡아본 입장에서 변명하자면, 우리나라 고등학교 3학년 담임들은 업무가 너무나도 많다. 현실적으로 너무나도 힘이 든다. 3학년 담임이라고 해서 다른 학년 선생님들보다 수업이 적은 것도 아니다. 오히려 정규 수업은 물론 방과 후 수업, 야간자율학습 감독, 그 외의 각종 업무에 시달린다. 반의 모든 학생들에게 하나하나 신경을 써주기에는 현실적으로 시간이 부족할 수밖에 없다. 그러므로 담임선생님을 전적으로 의지하는 것도 좋지만, 학부모들의 노력 또한 반드시 수반되어야만 하는 것이다.

그렇다면 외부 사설기관의 정보나 의존도는 어떨까?

대부분의 학부모들은 사교육이나 학원과 같은 외부 사설기관의 정보에 많이 의존하는 편이다. 그러나 이 같은 사설기관의 경우에는 상당한 비용이 지출될뿐더러, 정확한 자료를 제공하는지의 여부도 확신할 수가 없다. 가장 큰 이유는 바로 서울시교육청의 자료 때문이다.

서울시교육청은 몇 년 전부터 대학 입시 관련 공교육 자료를 만들기 시작해, 작년도 입시자료나 통계 등을 고등학교에 무료로 배부하고 있다. 자료의 정확도도 꽤 향상된 편이다. 물론 대학입시에서 일반전형 가운데 논술전형의 경우라면 사교육의 도움을 받는 것이 어쩔 수 없는 일이긴 하지만 말이다.

논술 때문에 상당히 비용이 든다는 말을 들은 적이 있다. 그렇다면 이 말은 '논술전형은 학부모의 능력에 따라 대학 입시가 결정된다'는 것을 의미할까? 여기에는 중요한 것이 하나 빠져 있다. '논술전형에는 대학별 수능 최저학력기준이 있다'는 점이다.

그러므로 아무리 논술을 잘 쓴다 해도 수능 조건을 충족하지 못한다면 합격이 불가능하다. 이렇듯 정작 중요한 것은 모르는 채, 논술전형만 매달리는 학생들을 보면 참으로 안타깝다는 생각이 든다.

가장 효과적인 대학 입시 전략은 다음과 같다.

가장 먼저 자신의 위치를 파악한다. 그런 다음 이 위치에 맞는 대학과 학과를 결정한다. 그리고 점수에 따라 목표를 조금씩 조절해나간다. 언뜻 참 쉽고도 당연한 대답 같지만 이야말로 가장 바람직한 전략이라 할 수 있다.

여기에 수시와 정시에 어떻게 지원하는 것이 좋을지 충분한 상담을 통하여 결정한다. 수시의 경우에는 학생부교과, 학생부종합, 일반전형, 적성전형 등 각 전형별 모집정원을 파악하고, 자신에게 유리한 전형을 파악하는 것 역시 중요하다. 학생들 사이에서는 '수시는 상향 지원이 당연하다'는 통설이 돌고 있다고 들었다. 이러한 생각을 버려야만 합격 가능성이 높아진다는 것을 명심하자.

가장 효과적인 대학 입시 전략은 무엇일까? 바로 대학수학능력시험에서 최고의 성적을 받는 것이다. 성적이 좋다면 수시의 수능 최저학력기준을 만족할 것이고, 만약 불합격하더라도 정시에 원하는 대학을 지원할 수 있다. 이 점을 잊지 말고 차근차근 대학 입시를 준비하자.

이 책은 자사고는 일반고와 어떤 차이가 있는지를 제시한다. 그리고 이를 근거로 자사고 학생들의 특징과 실제 입시 사례를 제시한다. 자사고를 접해보지 않고 막연하게 대상화했던 학부모들에게 '자사고는 이런 특징이 있는 학교'라는 것을 알려주고, 이로써 실제 자사고의 입시 정보를 공유하는 데 집필의 목적이 있다.

그다음으로는 학부모님들과 실제 고등학생들에게 어떻게 준비해야 보다 쉽게 대학 진학을 준비할 수 있는지를 전달한다. 이를 위해 고등학교 1학년부터 2학년까지의 2년을 어떻게 보내야 하는가를 먼저 설명한다. 그런 다음 고등학교 3학년의 현실적인 부분을 소개한다. 대학 입시에 대한 전반적인 안내, 수시와 정시의 방향 등을 제시한다. 또 인문계열과 자연계열의 차이, 남학생과 여학생의 성향 등을 통하여 다양한 입시 경향 분석도 제시한다.

고등학생 당사자의 성적이 어느 정도인지 아는 경우라면 상관없을 테지만, 만약 모르는 경우라면 이 책에서 제시하는 성적을 기준으로 잡고 참고하여 목표 대학을 정하면 될 것이라고 본다. 일반적으로 상위권 학생들에게는 다양한 진학방법이 있지만, 그렇지 않은 중하위권 학생의 경우에는 비교적 제한적일 수밖에 없다. 이제 한 장 한 장 책을 넘기며 어렵기만 한 대학 입시로 한 걸음씩 접근해보자.

1

일반고와 자사고는 어떻게 다를까?

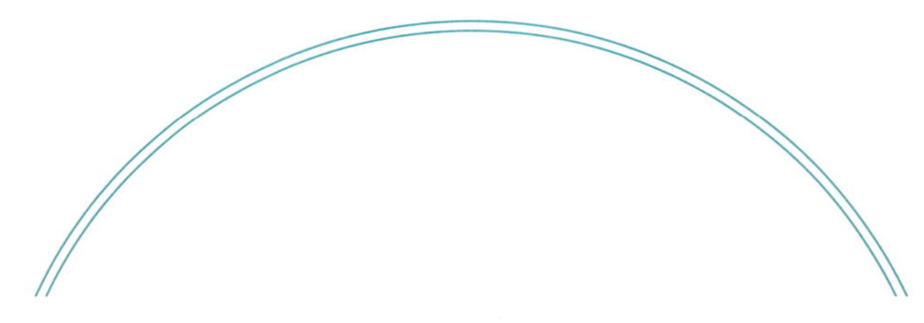

대학에 진학해도
출신 고등학교가 중요하다?

얼마 전 모 방송사에서 〈공부의 배신〉이라는 프로그램을 방영한 적이 있다. 많은 논란거리를 불러일으킨 프로그램이었다. 방송을 본 많은 사람들이 요즘 학생들의 행동에 크게 충격받았다고 말했다. 필자 역시 요즘 학생들의 사고방식과 생각은 과거와 정말 많이 다르다는 것을 깨닫게 되었다.

프로그램 내용 중에서 가장 놀랐던 점은 대학생이 되어서도 고등학교의 출신이 대학 생활에 영향을 준다는 것이었다. 소위 말해 과학고, 외국어고, 자사고, 일반고별로 학생들 사이의 차별이 존재한다는 것이다. 심지어 거의 모든 상위권 대학, 즉 서울대·연세대·고려대 등에 이런 차별이 있다고 하니 충격이 아닐 수 없다.

서울대학교 수시모집전형 중에는 '지역균형전형'이 있다. 각 고등학교에서 2명씩만 지원 가능한 전형으로, 보통 학교에서 인문계열 1등과 자연계열 1등인 학생들이 지원한다. 따라서 지역균형전형으로 합격하는 학생은 곧 그 고등학교에서 최고로 공부 잘하는 학생이라는 의미이다. 그러나 이 전형으로 입학할 경우, 출신 고등학교에 따라 차별받는 경우가 많다고 한다. 특히 일반고 출신이 그러하다. 심지어 일반고 출신 학생들은 조별모임이나 과제에 끼워주지도 않는데, 이유는 '공부 잘하는 학생들이 거의 없는 상황에서 학생부 관리를 잘하여 거의 거저먹기식으로 대학에 왔기 때문'이라는 것이다.

그러나 자사고 출신에게는 어렵게 학생부 관리를 한 학생이라며 실력을 인정해주고 차별도 덜하다고 한다. 이 같은 차별을 주도하는 학생들은 주로 정시모집에서 우수한 수능성적으로 진학한 과학고나 외국어고 등의 특목고 출신이었다.

만약 이 방송을 시청한 학부모라면 어떤 생각이 들겠는가? 철 없는 일부 학생들의 생각이라고 단정하기에는 분명히 다른 무엇인가가 있을 터이다. 그렇다면 특목고 학생들도 인정하는 자사고는 과연 어떤 학교일까?

우리나라에 자사고가 도입되어 처음으로 신입생을 선발한 것은 2010학년도부터였다. 처음에는 일반고에 비하여 2.5~3배 비싼 등록금 때문에 좋지 않은 시선도 있었다. 뿐만 아니라 실제 대학 입시에서 과연 얼마나 많은 학생들이 성과를 내겠느냐에 대한 논란도 있었다. 그러나 현시점에서 보면 그러한 걱정과 우려는 괜한 것에 불과했다는 사실이 명백해진다. 이에 필자는 자사고 첫해 학생들이 고3이 된 2012년부터 현재까지 3학년 담임을 맡으며, 학생들을 가르치고 직접 느끼고 체험한 내용을 바탕으로 자세하게 설명하려 한다. 지금부터 하나씩 살펴보자.

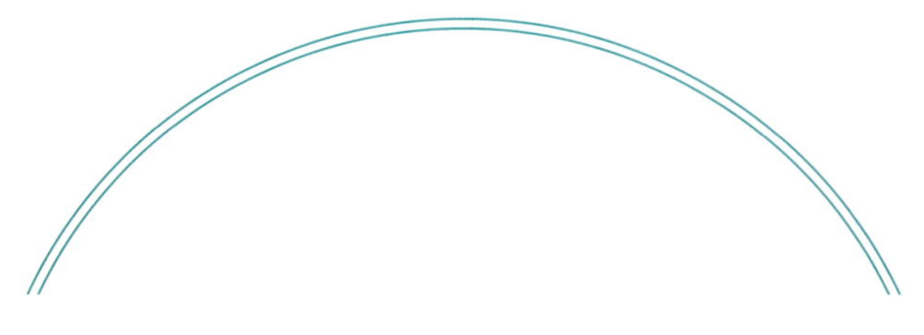

자사고 학생들의
특징

자사고 학생들의 특징으로는 여러 가지를 꼽을 수 있지만, 크게 긍정적인 부분과 부정적인 부분으로 나눌 수가 있다.

먼저 자사고 학생들이 가지는 긍정적인 부분을 설명하겠다.

첫 번째, 나는 조금 특별한 학생이다

자사고 학생들은 일반고 학생들보다 비싼 등록금을 내고 다닌다. 그러다 보니 이에 따른 약간의 우월감을 가지고 있는 경우가 많다. 다시 말해 '나는 조금 특별한 학생이다'라는 생각을 하게 되는 것이다. 같은 이유에서 학교에 대한 자부심과 긍지도 상당하다.

두 번째, 명문대에 입학한 선배들을 보며 자부심을 가진다

자사고를 졸업한 선배들이 우수한 대학교에 많이 입학했다는 사실을 알게 되면서 그에 대한 자부심을 느낀다. 실제로 우리 학교를 이웃 일반고들과 비교해볼 때, 상위 6개 대학(서울대 · 연세대 · 고려대 · 서강대 · 성균관대 · 한양대)과 의대 및 특수대학(사관학교, 경찰대 등) 진학률 면에서 큰 차이를 보이고 있다.

세 번째, 과학 과목과 관련하여 우수한 학생들이 많다

자사고에는 소위 '선수학습'이라고 부르는, 고등학교 과정을 미리 공부하고 진학한 학생이 많다. 그중에서도 특히 수학이나 과학 쪽으로 우수한 학생이 많은 편이다. 실제로 2년 전에는 1학년 학생이 1~3학년 전체 학생들을 대상으로 과학경시대회에서 우수상을 받은 적도 있었다. 이 학생은 과학고 진학을 위해 고3 학생들이 공부하는 화학Ⅱ와 생명과학Ⅱ를 미리 공부하였으며, 그 덕분에 고3 학생들을 제치고 좋은 성적을 얻은 것이었다.

네 번째, 공부하는 학생들이 많고 수업 분위기가 좋다

자사고에 지원한 학생들은 전반적으로 중학교 때 어느 정도 공부를 잘한 경우가 많다. 일반고와 비교 시, 소위 '상위 20퍼센트' 안에 드는 학생들이 상당히 많다. 당연히 열심히 공부하는 학생들이 많을 수밖에 없으며, 그러다 보니 자연스레 수업 태도도 좋고, 수업 집중도 또한 매우 우수하다.

다섯 번째, 성실하고 착한 학생들이 많다

소위 말하는 '순한 학생'이 많아 선생님들의 지시에 잘 따르는 편이다. 또 교우들과의 관계도 좋은 편이다. 실제로 담임을 하는 동안 성격이 너무 착하고 순해서, 만약 일반고에 갔더라면 학교 생활을 제대로 할 수 있을지 의문이 생기는 학생을 만난 적도 있었다.

여섯 번째, 선배들과의 유대감, 선생님들과의 친밀성이 높다

중학교 때 각종 동아리활동을 한 학생들이 많다 보니 자율동아리도 곧잘 생기는 편이다. 또한 선배들과의 친밀성도 좋은 편이다. 학습 관련 질문이 많고 다양해 교무실을 자주 방문하는데, 그러다 보니 각 교과 선생님들과도 관계가 좋아질 수밖에 없다.

하지만 이와 반대로 자사고 학생들의 고민, 즉 부정적인 부분도 존재한다.

첫 번째, 내신성적에 대한 부담이 크다

이것은 모든 자사고 학생들이 겪고 있는 고민이기도 하다. 중학교 때는 상당히 성적이 좋았지만, 자사고 입학 후에는 성적이 떨어지는 경우가 빈번하다. 상위권 학생들이 많기 때문에 발생하는 일이다. 그리고 이와 같은 이유에서 중간고사나 기말고사가 끝나면 일반고로 전학을 고민하는 학생들이 생기곤 한다.

실제로 우리 학교에서 있었던 사례이다. 몇 년 전, 1학년 중간고사를 마치고 성적 때문에 일반고로 전학을 간 학생이 있었다. 그런데 일주일 만에 다시 우리 학교로 되돌아왔다. 집 근처의 일반고가 자신이 생각한 것과 너무 달라 맞지 않았기 때문이라고 말했다. 물론 모든 일반고가 그런 것은 아니지만, 이 학생의 경우에는 정말 심각한 이유가 있었을 것이라고 추측할 수 있다.

두 번째, 성적 때문에 자신감을 상실하는 경우가 많다

첫 번째와 비슷한 내용이다. 2년 전에 담임을 맡았던 한 학생이 떠오른다. 입학 당시 전교 7등이었고, 졸업한 중학교에서는 전교 1등을 한 학생이었다. 하지만 2학년 때 수학 성적이 안 좋게 나오는 바람에 자신감을 잃어버렸다. 결국 그 학생은 공부를 포기했고, 그 1년간 성적이 급락했다. 다행히 3학년 때 열심히 공부하여 서울 중위권 대학에 진학했지만, 중학교 때와 입학 때의 성적을 생각하면 참으로 안타깝기 그지없다.

이렇듯 자사고 학생들에게는 긍정적인 면과 부정적인 면이 모두 공존한다. 그러나 필자는 단점보다는 장점이 더 크다고 생각하며, 장기적으로는 우수한 점이 더 많다고 확신한다. 어차피 선택은 학생과 학부모의 몫이지만, 잘 판단하여 고등학교 진학에 참고했으면 한다.

일반고
vs
자사고

　교사로서 자사고와 일반고를 비교하는 것은 상당히 부담스럽다. 일반고 학생들에게 부정적인 인상을 줄 수도 있다는 심적 부담감도 배제할 수 없거니와, 상대적으로 자사고로서 우월감을 내비칠 수도 있다는 시선에서도 자유로울 수가 없기 때문이다. 그러나 이 점을 빼놓는다면 이 책이 제시하려는 자사고 학생들의 입시법을 전달할 수가 없어진다.

따라서 필자가 속한 우리 학교를 기준으로 이 부분을 짚으려한다. 우리 학교가 자사고가 되기 전 일반고였을 때 그리고 자사고가 된 이후로 나누어 비교, 설명을 시작하겠다. 필자가 처음 교직 생활을 시작했을 때는 일반고였고, 지금은 자사고이므로 그 차이를 명확히 알고 있다. 보다 확실한 비교를 위하여 일반고인 2006~2011년 사이에 3학년 담임을 맡았을 때와 자사고인 2012~2016년 사이에 3학년 담임을 맡았을 때를 비교해보겠다.

첫 번째, 상위권 학생의 비율이 달라졌다

우리 학교가 일반고였을 때는 서울 강북의 평균 수준이었다. 소위 말하는 상위 10개 대학에 진학하는 학생이 1반 평균 5명 정도였으며, 서울 · 경기권 대학의 비율도 최대 10명 정도였다.

하지만 자사고가 된 이후에는 상위 10개 대학에 진학 가능한 학생이 1반 평균 10명 이상이다. 서울 · 경기권 대학은 최대 20명 정도로 보고 있다. 이렇듯 일반고였을 때와 자사고가 된 후는 거의 2배 이상의 차이를 보인다.

두 번째, 대학전형의 중점이 달라졌다

일반고였을 때의 학생들은 수시모집에서 승부를 보는 경우가 대부분이었다. 모의평가 성적이 그다지 좋지 못했기 때문에, 수시모집에서 불합격하면 정시모집에서 좋은 대학으로 진학하기가 어려웠다. 그러므로 지극히 당연히도 수시 중심이었다. 실제로 2006~2011년 사이에 3학년 담임을 맡았을 때는 수시에서 상위권 대학에 합격한 학생들을 제외하고는, 정시모집에서 서울 · 경기권의 4년제 대학에 진학한 학생은 몇 명 되지 않았다. 대부분의 학생은 지방권 4년제 대학이나 전문대학에 진학하였다.

하지만 자사고로 전환된 이후에는 반대로 바뀌었다. 수시모집보다 정시모집에서 상위권 대학에 합격하는 학생 수가 더 많아졌다. 작년의 경우 수시모집에서는 2명(연세대 1명, 건국대 1명)밖에 합격을 못 했지만, 정시모집에서는 16명이 서울 · 경기권 4년제 대학(서울대 1명, 연세대 1명, 성균관대 1명, 한양대 2명 포함)에 합격했다. 자사고 학생들은 수능에 아주 강하며, 정시모집에서 상위권 대학 진학에 유리하다는 것을 잘 증명한 사례라고 할 수 있다.

일반고였을 때의 학생들을 대부분 학생부교과(학생부성적 위주)에 지원을 했다. 그리고 일부 학생들만 논술전형에 지원했다. 학생부성적은 상대적으로 좋은 편이었지만, 그에 반해 논술전형의 수능 최저학력기준에 맞추는 것은 자신 없기 때문이었다. 뒤에서 다시 이야기하겠지만, 논술전형의 경우 대학에서 정한 수능 최저학력기준을 통과하지 못하면 아무리 논술을 잘 쓴다 해도 불합격된다.

자사고 학생들의 대학 입시 지원 방향은 일반고 때와 정반대로 바뀌었다. 일부 학생들만 학생부교과에 지원한다. 그리고 대부분의 학생은 학생부종합(학생부교과 + 비교과)에 지원하거나 논술전형에 지원한다. 자사고 학생들은 학생부성적이 약할 수밖에 없다. 그러나 수능 최저학력기준은 충분히 넘을 수 있으며 비교과도 많아 합격 가능성이 높다.

일반고였을 때는 성적이 낮아 서울·경기권의 4년제 대학에 진학하기 어려울 경우, 지방권 4년제 대학에 진학하였다. 더 성적이 낮은 학생들은 서울이나 경기권 전문대학의 취업 잘되는 학과로 진학하는 경우도 있었다.

하지만 자사고 학생들은 대부분 재수를 선택한다. 심지어 서울의 4년제 대학이지만, 마음에 들지 않아서 아예 등록하지 않고 재수를 시작하는 학생들도 있었다.

이러한 차이는 다음과 같은 이유에서 기인한다. 일반고 시절의 학생들은 재수를 하더라도 성적이 크게 향상되기 어려운 경우가 대부분이므로, 그냥 점수에 맞추어 진학하였다. 그러나 자사고 학생들은 원래 모의평가 성적이 좋은 편이었으나, 원하는 대학에 지원할 만큼 수능점수가 나오지 않아 재수를 선택한다. 그리고 1년 후에 원하는 대학으로 또다시 지원하는 것이다.

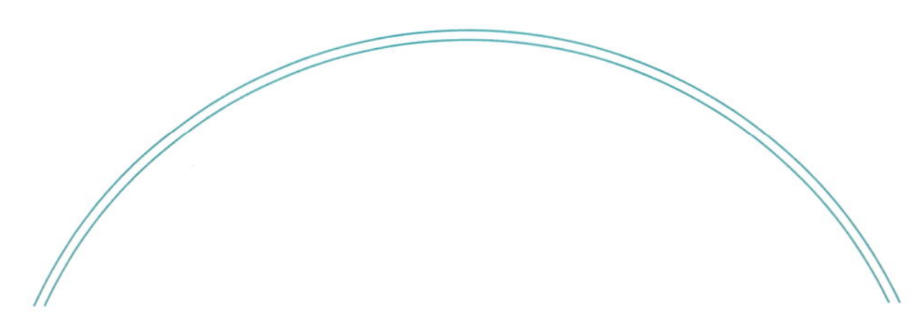

실제 입시 사례 비교

수많은 대학 입시 사례를 보면 좋고 성공적인 결과만 발표하는 경우가 잦다. 마치 이렇게만 하면 모두가 대학에 합격할 것처럼 설명하는 것이다. 그러나 지극히 일반적인 경우라면 오히려 성공보다는 실패의 사례가 더욱 많을 것이다.

이에 필자는 대학 입시의 실제 사례를 비교해보면서, 어떻게 해야 합격 성공률을 높일 수 있을지 설명하려 한다. 여러 성공 사레와 실패 사례를 통해 이유를 분석하고, 학생들과 학부모님들에게 도움을 주려 한다. 지금부터 하나씩 살펴보자.

학생부종합전형

학생부종합전형은 학생부교과와 비교과를 함께 합산하여 대학별 기준에 따라 학생을 선발하는 전형이다. 학생부교과전형과 달리 학생부의 비율이 조금은 낮으므로, 비교과활동이 우수한 학생이라면 합격할 가능성이 있다. 하지만 합격한 학생들과 불합격한 학생들을 비교해볼 경우, 비교과가 우수하다고 해서 반드시 합격하는 것은 아니다. 오히려 면접이나 대학별 고사에서 좋은 성적이 필요하다는 것을 강조하고 싶다.

합격 사례와 불합격 사례를 각각 살펴보고 서로 비교해보자.

▶ 합격 사례

• A군
• 대학: 성균관대학교 철학과
• 수시전형: 글로벌인재전형
• 학생부 최종 평균등급: 2.25
• 분석: 1학년 때부터 철학에 관심이 많은 학생으로 교내 철학 관련 프로그램을 2년 동안 꾸준하게 이수함. 교내 사회프로그램에 지속적으로 참여하여 다양한 역사 · 지리 · 사회 · 윤리의 인문학 관련 활동을 수행함. 철학에 대한 개인연구과제에 참여하여 개인소논문을 작성하고 상을 수상함. 교내경시대회 및 교내상이 10개가 넘을 정도로 성적도 우수함. 무엇보다 철학에 대한 이해도가 아주 뛰어나서 면접에서 매우 높은 점수를 받은 것으로 판단됨

• B군
• 대학: 서강대학교 사학과
• 수시전형: 학생부종합전형
• 학생부 최종 평균등급: 2.44
• 분석: 1학년 때부터 역사에 관심이 많은 학생으로 교내 사회프로그램을 2년 동안 꾸준하게 이수함. 특히 역사 관련 활동을 한 후에는 개인보고서를 작성하는 등 수시를 철저히 준비함. 개인연구과제에 참여하여 역사 관련 개인소논문을 작성하고 상을 수상함. 동아리활동 및 봉사활동도 역사 관련 분야로 꾸준하게 활동하는 등 철저히 준비한 학생임

<table>
<tr><td colspan="2">• C군</td></tr>
<tr><td>• 대학: 연세대학교 생명공학과</td></tr>
<tr><td>• 수시전형: 학교활동우수자전형</td></tr>
<tr><td>• 학생부 최종 평균등급: 1.76</td></tr>
<tr><td>• 분석: 1학년 때부터 생명과학 분야에 관심을 가지고 교내 과학프로그램을 지속적으로 이수함. 수학·생명과학 분야의 교내활동(수학 관련 프로그램(100시간) 수료, 생명과학 개인연구 등)을 지속적으로 함. 교내 과학동아리에 참여하고 학교축제에서도 동물 해부를 비롯한 생명과학 활동을 꾸준히 함. 학급회장(2회)을 역임하고 학생회에도 참여하며 리더십 및 협동 정신을 지속적으로 보여줌</td></tr>
</table>

<table>
<tr><td colspan="2">• D군</td></tr>
<tr><td>• 대학: 연세대학교 글로벌융합공학부</td></tr>
<tr><td>• 수시전형: 특기자전형(IT명품인재계열)</td></tr>
<tr><td>• 학생부 최종 평균등급: 1.86</td></tr>
<tr><td>• 분석: 1학년 때부터 열심히 과학동아리 활동을 하고 각종 과학행사에도 적극적으로 참여함. 교내 과학프로그램을 지속적으로 이수함. 개인연구과제에 2년 연속 참여하여 과학 관련 개인논문을 작성함. 봉사활동이 150시간이 넘을 정도로 활동도 적극적임. 과학동아리 기장으로 학교축제 및 외부활동에도 적극적인 모습을 보여주었고, 3학년 학급회장으로 리더십 및 책임감을 보여줌. 교내경시대회 및 교내상이 15개가 넘을 정도로 수상 실적도 우수함</td></tr>
</table>

• E군
• 대학: 서강대학교 아트&테크놀로지학과
• 수시전형: 알바트로스특기자전형(수학 · 과학)
• 학생부 최종 평균등급: 1.93
• 분석: 3년 내내 학급회장과 학생회 활동을 할 정도로 적극성과 리더십이 뛰어난 학생임. 교내 과학프로그램을 지속적으로 이수하며 개인포트폴리오를 작성함. 2학년 때부터 서강대학교 아트&테크놀로지학과를 목표로 삼고, 지속적으로 합격자 수기 및 연락처를 얻어서 충분히 자료를 수집해옴. 수시모집에서는 자신을 소개하는 개인신문을 만들어 자신이 이 학과에 진학하여 어떤 학생으로 성장할 것인가를 보여주는 등 특별한 준비를 하여 좋은 평가를 받았음

• F군
• 대학: 서울대학교 전기정보공학부
• 수시전형: 일반전형
• 학생부 최종 평균등급: 1.88
• 분석: 3학년 1학기 학급회장을 역임하고, 1~2학년 때는 학생부활동도 하는 등 성격도 좋고 리더십도 뛰어난 학생임. 학교에서 실시하는 다양한 프로그램을 이수하고 개인연구과제를 작성하여 우수상도 받음. 나름대로 비교과에서 많은 실적이 있음. 1단계에서는 합격했으나 2단계에서 면접 준비를 소홀히 한 것이 문제였음. 게다가 10월모의평가에서 성적이 하락하여 자신감을 잃어버리고 다른 상위권 대학인 연세대와 고려대에서도 동시 불합격함. 수능성적도 원래 성적보다 하락함(영어 1등급 → 2등급, 탐구화학 I 1등급 → 3등급)

• G군
• 대학: 연세대학교 경제학과
• 수시전형: 특기자전형
• 학생부 최종 평균등급: 1.68
• 분석: 상위권 대학을 지원할 만큼 비교과활동이 많지 않았고 뚜렷하게 준비한 것도 없었음. 막연하게 학생부 내신만 믿는 자신감으로는 합격을 기대하기 어려웠음. 그나마 3년간 독서량이 많았던 점을 조금 기대하였으나, 경제학과에 진학할 만한 잠재력을 보여주기에는 역부족이었던 것으로 생각됨. 1차 서류에는 통과했으나 면접에서 제대로 된 답변을 못 했다는 이야기를 학생이 함. 무엇보다 학생부 종합전형을 위해 철저한 준비와 면접 연습이 필요한 것으로 생각됨

- **H군**

- 대학: 연세대학교 글로벌융합공학부

- 수시전형: 특기자전형(IT명품인재계열)

- 학생부 최종 평균등급: 2.08

- 분석: 앞서 합격한 학생만큼 활동이 왕성한 학생으로, 각종 경시대회의 우수상과 개인연구과제 최우수상 등을 수상하여 경력이 화려함. 학교에서는 충분히 합격할 것이라고 기대했으나 면접에서 약점을 보여 불합격한 것으로 생각됨. 앞서 합격한 학생과 비교해볼 때 학생부성적만 부족할 뿐, 나머지는 더 나은 부분도 있었음. 해당 전형에서 모집인원이 적었던 것도 원인의 하나로 생각할 수 있으며, 조금은 아쉬운 학생이라고 할 수 있음

- **I군**

- 대학: 서강대학교 전자공학과

- 수시전형: 학생부종합전형

- 학생부 최종 평균등급: 2.41

- 분석: 언제나 모의평가가 잘 나오는 관계로 학생부종합전형에 전혀 관심이 없었음. 정시모집에 중점을 두는 과정에서 급히 수시 지원을 함. 거의 '친구 따라 강남 가기'식의 지원으로 자기소개서 작성도 제대로 못 함. 학업 능력이나 성실성은 다른 학생의 모범이 된 것이 명백하지만, 너무나 급하게 수시모집에 지원하면 합격할 수 없다는 것을 보여준 사례임

• J군
• 대학: 한양대학교 기계공학과
• 수시전형: 학생부종합전형
• 학생부 최종 평균등급: 3.13
• 분석: 봉사활동 시간이 120시간 이상이고 동아리회장을 하는 등 성격이 아주 밝은 학생임. 1학기부터 학생부종합전형을 준비함. 한양대는 자기소개서 없이 학생부로만 평가한다고 하여, 다른 학생들과 비교해도 비교과에서는 크게 밀리지 않는다는 판단 아래 지원함. 무엇보다 학생부성적이 낮은 것이 불합격 요인 아닌가 하는 생각이 듦. 한양대의 경우 자기소개서나 추천서가 없었기 때문에, 비슷한 수준의 다른 대학교에 비해 지원자 수가 특히 많았던 것도 불합격에 영향을 준 것으로 보임. 면접이 있었다면 충분히 합격할 가능성도 있었으므로 아쉬움

논술전형: 각 대학 수능 최저학력기준 확인

논술전형은 각 대학에서 학생부 점수와 논술고사 점수를 합산하여 합격자를 발표하는 전형이다. 이 전형은 대학에서 정하는 수능 최저학력기준이 있으며, 아무리 논술고사를 잘 치르더라도 기준을 충족하지 못하면 불합격 처리되므로, 반드시 수능 최저학력기준을 넘어야 한다. 따라서 논술전형에 응시하기 전에 수능 최저학력기준을 잘 살펴보고, 지원자가 이를 통과할 수 있는 경우에만 지원하기를 권한다. 아울러 이 전형은 비교적 낮은 학생부 등급에 비해 상위권 대학에 합격한 학생이 많은 유일한 수시모집전형이다. 단, 목표 대학을 미리부터 정해두고 철저히 준비해둬야만 가능하다.

지금부터 합격 사례와 불합격 사례를 각각 살펴보고 서로 비교해보자.

• A군
• 대학: 고려대학교 영어영문학과
• 학생부 최종 평균등급: 4.45
• 수능 등급: 국 3, 수 2, 영 2, 탐구 I (동아시아사) 2, 탐구 I (세계사 I) 1
• 수능 최저학력기준: 국어B · 수학A · 영어 · 사탐 4개 영역 중 3개 영역 이상 2등급 이내 또는 국어A · 수학B · 영어 · 과학탐구 4개 영역 중 3개 영역 이상 2등급 이내
• 분석: 수능 최저학력기준 통과(수학 · 영어 · 탐구 3개 영역 2등급 이내)

• B군
• 대학: 성균관대학교 사학과
• 학생부 최종 평균등급: 3.06
• 수능 등급: 국 1, 수 3, 영 1, 탐구 I (한국사) 3, 탐구 I (세계사) 3
• 수능 최저학력기준: 국어B · 수학A · 영어 · 탐구 · 제2외국어 · 한문 총 6개 중 3개 등급 합이 6 이내(국어 · 수학 중 1과목은 B형을 반드시 포함)
• 분석: 수능 최저학력기준 통과(국어 · 수학 · 영어 또는 국어 · 영어 · 탐구 등급 합이 6 이내)

<table>
<tr><td colspan="1">• C군</td></tr>
</table>

- **C군**
  - 대학: 고려대학교 환경생태공학부
  - 학생부 최종 평균등급: 2.93
  - 수능 등급: 국 3, 수 1, 영 4, 탐구 I (생명과학 I) 2, 탐구 I (지구과학 I) 2
  - 수능 최저학력기준: 국어A · 수학B · 영어 · 과학탐구 4개 영역 중 2개 영역 이상 2등급 이내(수학B 또는 과학탐구영역을 반드시 포함하여야 함)
  - 분석: 수능 최저학력기준 통과(수학 · 탐구 2등급 이내)

- **D군**
  - 대학: 성균관대학교 자연과학부
  - 학생부 최종 평균등급: 3.03
  - 수능 등급: 국 2, 수 2, 영 2, 탐구 I (물리 I) 2, 탐구 I (화학 I) 4
  - 수능 최저학력기준: 국어A · 수학B · 영어 · 과학탐구 · 제2외국어 · 한문 총 6개 중 3개 등급 합이 6 이내
  - 분석: 수능 최저학력기준 통과(국어 · 수학 · 영어 또는 국어 · 영어 · 탐구 등급 합이 6 이내)

• E군
• 대학: 서강대학교 인문학부
• 학생부 최종 평균등급: 2.99
• 수능 등급: 국 3, 수 3, 영 2, 탐구Ⅰ(한국사) 2, 탐구Ⅰ(세계사Ⅰ) 1
• 수능 최저학력기준: 국어B · 수학A · 영어 · 사탐 4개 영역 중 3개 영역 이상 2등급 이내
• 분석: 수능 최저학력기준에 도달하지 못함

• F군
• 대학: 성균관대학교 글로벌 경영학과
• 학생부 최종 평균등급: 3.87
• 수능 등급: 국 1, 수 3, 영 2, 탐구Ⅰ(한국사) 3, 탐구Ⅰ(사회문화) 1
• 수능 최저학력기준: 국어B · 수학A · 영어 · 탐구 · 제2외국어 · 한문 총 6개 중 3개 등급 합이 6 이내(국어 · 수학 중 1과목은 B형을 반드시 포함)
• 분석: 수능 최저학력기준은 통과했으나 논술고사에서 좋은 성적을 거두지 못함

• G군
• 대학: 고려대학교 전기전자공학과
• 학생부 최종 평균등급: 2.93
• 수능 등급: 국 3, 수 1, 영 2, 탐구 I (물리 I) 3, 탐구 I (지구과학 I) 2
• 수능 최저학력기준: 국어A · 수학B · 영어 · 과학탐구 4개 영역 중 2개 영역 이상 2등급 이내(수학B 또는 과학탐구영역을 반드시 포함하여야 함)
• 분석: 수능 최저학력기준은 통과했으나 논술고사에서 좋은 성적을 거두지 못함

• H군
• 대학: 한양대학교 자연과학부
• 학생부 최종 평균등급: 3.03
• 수능 등급: 국 2, 수 2, 영 3, 탐구 I (화학 I) 2, 탐구 I (지구과학 I) 3
• 수능 최저학력기준: 없음
• 분석: 한양대의 경우 수능 최저학력기준은 없으나, 논술고사(수학)에서 좋은 성적을 거두지 못함

특별전형:
조건 되는 학생들 확인

특별전형은 일반 학생들에게는 해당되지 않는 사회배려자 혹은 사회기여자 및 국가유공자 등의 경우에 지원 가능한 전형이다. 만약 이 전형에 해당하는 학생이라면 다른 전형보다는 수시나 정시모집에 지원하는 편이 더 유리하다. 이 전형은 모집정원 자체도 적지만, 이에 해당되는 학생 수는 더 적으므로 성적이 낮아도 상위권 대학에 진학할 가능성이 있기 때문이다. 하지만 유의할 점이 하나 있다. 구청이나 기관에서 발부해주는 증명서를 반드시 제출해야 하므로, 자신이 이에 해당되는지 확인부터 해야 한다.

이 전형은 해당되는 학생만을 위한 것이므로 합격자 위주로 간단하게 설명하겠다.

- A군

- 대학: 연세대학교 경영학과

- 수시전형: 연세한마음─무추천

- 학생부 최종 평균등급: 2.36

- 수능 최저학력기준: 국어B · 수학A · 영어 · 탐구(사회/과학) 영역 중 2개 영역 등급의 합이 4 이내

- 분석: 기초생활수급자 자격을 유지하는 학생들만 지원할 수 있는 전형. 이 학생은 어려운 환경 속에서도 상위권 성적을 유지하였음. 원래는 학교장 추천의 자격이 있었으나 학생부성적이 그다지 우수하지 못하여, 수능 최저학력기준이 있는 무추천전형에 전략적으로 지원함

- B군

- 대학: 서울시립대학교 컴퓨터과학부

- 수시전형: 고른기회입학전형

- 학생부 최종 평균등급: 4.87

- 수능 최저학력기준: 없음

- 분석: 이 전형은 국가보훈대상자, 기초생활수급자, 차상위 계층의 학생이 지원 가능함. 이 학생의 경우 컴퓨터와 관련된 활동이 많았음. 1학년 때는 컴퓨터 관련 외부활동이 있었고 프로그램도 직접 개발함. 비록 자기소개서에는 넣지 못했으나 면접 시 이와 관련된 내용을 관련자료로 제출하여 능력을 인정받음

나는 이래서
자사고가 좋다

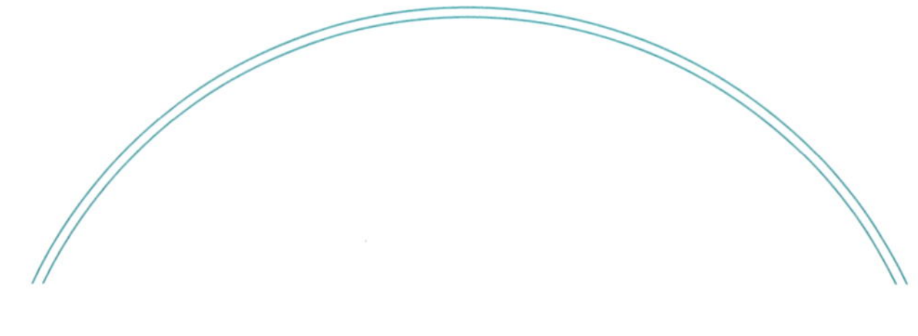

2010년부터 시작한 자사고가 올해로 7년째 신입생을 맞이했다. 그동안 우리 교사들 역시 자사고라는 존재가 낯설기도 했고, '과연 잘될 수 있을까?' 하는 우려도 있었다.

하지만 7년이 지난 지금은 학생들 가르치는 보람을 제대로 느끼게 되었다고, 보람이 있다고 확실하게 말할 수 있다. 앞에서도 말했지만, 일반고 시절에는 노력한 만큼 결과가 나와 우수한 대학에 진학하기가 참으로 어려웠다. 물론 그때의 학생들이 열심히 공부하지 않았기 때문이라기보다는 '왜 공부를 해야 하는가?'라는 목표의식이 부족했기 때문이라고 생각한다. 그 때문에 수업 시간에 집중하는 학생들이 적었고, 모의평가에서도 좋은 성적이 나오지 않았던 것 같다.

자사고로 바뀌고, 새로운 학생들이 입학하고, 시간이 차차 흐르면서 많은 것이 달라졌다. 열심히 공부하는 학생들이 많아졌을뿐더러 자기들끼리 서로 도우면서 공부하는 분위기가 생긴 것이다. 그러자 외부 모의평가 성적이 급격히 상승하고, 선생님의 기대도 나날이 높아졌다. 무엇보다 서서히 진학률이 상승하여 대학 입시 결과가 눈에 보이게 달라졌다.

우리 학교는 작년 입시에서 서울대 진학률 전국 60위(서울 자사고 5위)를 차지했다. 일반고 시절에는 감히 목표 삼을 수조차 없었던 이 놀라운 결과는 졸업생들과 선생님들이 함께 노력하여 이룬 것이다.

자사고 되면서 달라진 것을 정리해보면 다음과 같다.

- 재학생들의 학교에 대한 자부심이 높아진다

- 친구들 사이에도 공부하는 분위기가 정착되어 스스로 공부하게 된다
- 수업 시간에 집중하는 학생들이 많아서 즐거운 수업을 할 수 있다
- 우수한 대학에 진학하는 선배들의 증가로 좋은 진학 정보를 얻을 수 있다
- 상위권 대학에서 우리 학교를 대하는 태도가 달라져 대학설명회를 직접 개최하는 횟수가 많아졌다
- 주위 학원에서 우리 학교 재학생들만을 위한 특별반이 신설되었다
- 일반고 시절에는 진학이 어렵다고 생각했던 의대 · 치대 · 한의대에 입학하는 학생 수가 늘어나면서 진학에 대한 자신감이 생겨났다
- 선생님들도 자신이 가르친 제자들이 우수한 대학에 진학하는 것을 보고 교직 생활에 대한 만족감이 늘어났다

이처럼 자사고의 장점은 분명히 존재한다. 가끔 주변에서 자사고에 대한 질문이 들려온다. 일반고와 별반 다른 것도 없고, 괜히 등록금만 비싼 것 아니냐는 물음이다. 그러면 필자는 이렇게 대답한다.

"일단 자녀를 자사고에 입학시키고, 직접 확인해보세요."

2

고등학교 1학년:
입시의 시작

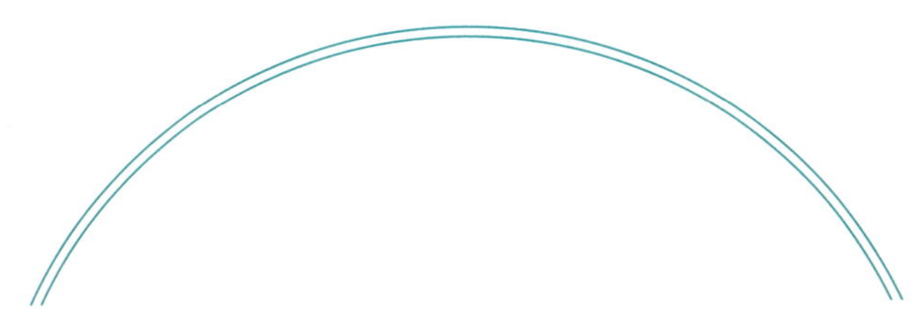

1학년 교육과정을
미리 파악하라

고등학교에 입학한 뒤 가장 먼저 해야 할 일은 학교홈페이지에서 학사일정을 확인하고, 이를 달력에 월별로 표시하여 자주 확인하는 것이다. 고등학교에 입학하여 아직 정신이 없는 학생들을 도와주는 데 매우 좋은 방법이다.

그다음으로는 고등학교가 중학교와는 다른 점이 많다는 것을 알아야만 한다. 무엇보다 성적 산출 방법이 다르다. 중학교는 성적을 산출할 때 전 과목 평균으로 전체 등수를 결정하지만, 고등학교는 과목별 단위 수를 반영하여 성적을 산출한다. 특히 단위 수는 수업시수와 연관이 있다. 1단위란 일주일에 1시간이라고 생각하면 된다.

보통 1학년은 국어 · 영어 · 수학 · 과학 · 사회 · 한국사 · 음악 · 미술 · 체육 등을 배우며, 학교에 따라 과목명이 조금씩 다른 경우도 있다. 이 중에서 수업시수가 큰 과목은 주로 국어 · 영어 · 수학으로, 일주일에 평균 4시간 이상씩 배우는 경우가 많다. 그러므로 국어 · 영어 · 수학 성적이 우수한 학생은 그렇지 못한 학생보다 학생부성적이 좋을 수밖에 없다.

다음은 중학교와 고등학교의 성적 차이를 보여주는 예이다. 이 표를 비교해보자. 중학교 시절에는 성적 평균으로 순위를 정하므로 국어 · 수학 · 영어 평균이 우수한 A군이 B군보다 순위가 높다. 그러나 고등학교의 경우에는 평균이 아닌 단위 수 환산으로 등급을 정한다.

표의 예에서 볼 수 있듯이 평균만을 따진다면 B군이 A군보다 낮지만, 단위 수 환산등급으로는 더 좋은 등급을 받았으므로 B군

A군

구분	국어	수학	영어	과목 평균
중학교	95	90	100	95

구분 고등학교	국어	수학	영어	과목 평균	단위 수 환산등급
단위 수	4	6	6		
점수	98	88	97	94.3	1.375
등급	1	2	1		

B군

구분	국어	수학	영어	과목 평균
중학교	92	95	90	92.3

구분 고등학교	국어	수학	영어	과목 평균	단위 수 환산등급
단위 수	4	6	6		
점수	87	96	95	92.7	1.250
등급	2	1	1		

의 순위가 더 높다. 고등학교에서는 평균이 아닌 단위 수로 성적을 계산하므로, 높은 단위 수의 과목에서 좋은 성적을 거두는 것이 학생부 등급을 좋게 만들 수 있다는 것을 늘 유념하자.

다음은 몇몇 고등학교의 1학년 교육과정을 예를 들어 나타낸 것이다. 단위 수에 유의하여 살펴보자.

이 표를 보며 고등학교의 1학년 교육과정을 살펴보고, 단위 수가 높은 과목을 준비하여 좋은 성적을 거두는 것이 학생부 관리의 기본이라는 점을 명심하자. 만약 A고에 다니는 학생이라면 단위 수가 4단위인 국어, 5단위인 수학과 영어에서 좋은 성적을 받아야만 학생부성적이 상승할 것이다.

구분	1학년 교육과정		
	1학기	2학기	전체
A고	국어 I (4단위), 한문 I (3단위), 도덕(2단위), 사회(3단위), 수학 I (5단위), 생명과학(3단위), 지구과학 I (3단위), 영어 I (5단위), 음악(2단위), 체육(2단위)	국어 II (4단위), 한문 I (3단위), 도덕(2단위), 법과사회(3단위), 수학 II (5단위), 생명과학 I (3단위), 지구과학 I (3단위), 영어 I (5단위), 미술(2단위), 체육(2단위)	• 1학기 : 10과목 • 2학기 : 10과목
B고	국어 I (4단위), 한문 I (2단위), 한국사(3단위), 사회(3단위), 수학 I (5단위), 화학 I (2단위), 생명과학 I (2단위), 기초영어(5단위), 음악/미술 선택(2단위), 체육(2단위)	국어 II (4단위), 한문 I (2단위), 한국사(3단위), 세계지리(3단위), 수학 II (5단위), 화학 I (2단위), 생명과학 I (2단위), 영어회화(5단위), 음악/미술 선택(2단위), 체육(2단위)	• 1학기 : 10과목 • 2학기 : 10과목
C고	국어 I (6단위), 한국사(3단위), 사회선택(3단위), 수학 I (6단위), 과학(3단위), 과학선택(3단위), 실용영어(6단위), 음악(2단위), 미술(2단위), 체육(2단위)	국어 II (6단위), 한국사(3단위), 사회선택(3단위), 수학 II (6단위), 과학(3단위), 과학선택(3단위), 영어 I (6단위), 음악(2단위), 미술(2단위), 체육(2단위)	• 1학기 : 10과목 • 2학기 : 10과목

학생부 관리: 학기별 중간고사와 기말고사를 철저히 준비하라

1학기 중간고사

1학기 중간고사는 대부분 4월 말에 치른다. 그렇다면 중간고사 공부는 언제부터 시작하는 것이 좋을까?

공부에는 정답이 없다. 그래도 답을 하자면 빠르면 1달 전, 늦어도 3주 전에는 시작하는 것이 좋다. 중간고사는 전 과목을 치르지 않고 주요과목 위주로 시험 보는 경우가 많으므로, 중학교와 차이가 비교적 덜한 편이다. 앞에서도 이야기했지만 수업시수 많은 과목이 중요하므로, 주요과목인 국어·영어·수학 공부를 먼저 시작하는 것이 좋다. 그다음에는 사회·과학·한국사 등을 수업시수가 많은 순서대로 공부한다. 시험 당일에는 국어·영어·수학 같은 과목에 더 집중하여 좋은 성적을 거두도록 한다. 아울러 중간고사가 끝나면 반드시 시험을 분석하고, 자신에게 부족한 과목을 찾아 보완한다.

1학기 기말고사

1학기 기말고사는 7월 초에 있는 경우가 많다. 기말고사는 전 과목을 모두 시험 보기 때문에 신경 쓸 것이 특히 많다.

하지만 여기서 기억해야 할 것이 있다. 예체능 과목은 학생부에 들어가지 않는다는 점이다. 음악·미술·체육과 같은 과목은 학생부에 성적으로 기록되는 것이 아니라, 성취도 A, B, C식으로 생활기록부에 기재된다. 따라서 성적에 크게 영향을 주지 않으므로, 예체능 과목 외의 다른 과목에 더욱 신경 쓰는 편이 좋다. 특히 국어·영어·수학과 같은 주요과목은 적어도 2등급 이내가 나오도록 준비해야 한다.

기말고사가 끝나고 성적은 나오면 중간고사와 합산하여 최종적인 과목별 등급이 나온다. 생활기록부 1학년 1학기 최종 성적으로 기록되는 등급이다. 성적표가 나오면 성적에 대한 이야기를 나누고, 2학기에는 부족한 과목에 대한 집중도를 높일 수 있도록 이끌어주는 것이 필요하다.

2학기 중간고사

■ ■ ■

2학기 중간고사는 10월 초에 실시된다. 2학기 시험은 1학기와 달리 조금 유동적이므로, 9월 말에 시험을 보는 고등학교도 있다.

일반적으로 2학기는 1학기에 비해 공부에 대한 집중도가 조금 떨어지는 시기이기도 하다. 어느 정도 학교생활에 적응을 하면서, 공부하는 학생과 그렇지 않는 학생으로 나뉘는 시점인 것이다. 이때 필요한 것이 바로 공부에 대한 동기부여이다. 2학기 중간고사는 1학기와 마찬가지로 전 과목이 아니라 국어 · 영어 · 수학의 주요과목을 비롯하여 사회 · 과학 · 한국사 등을 시험 본다.

여기서 유의할 점이 하나 있다. 학교에 따라 2학기에 수학Ⅱ를 배우는 경우도 있다는 것이다. 이 경우에는 수학 난이도가 올라가면서 수학에 대한 흥미를 잃을 수도 있다. 따라서 학교 교육과정을 잘 살펴보고, 반드시 이를 준비해둬야 한다. 성적이 나오면 분석을 하고 기말고사에서 더욱 성적 관리를 잘하도록 준비한다.

2학기 기말고사

2학기 기말고사는 12월 초에서 중순까지 다양하게 실시된다. 시험을 일찍 보는 학교는 5일부터, 늦게 보는 학교는 10일부터 시작한다. 1학기와 마찬가지로 학생부성적 관리를 위해 주요과목을 우선적으로 공부한다. 예체능 과목은 1학기처럼 성취도 위주로 생활기록부에 기재되기 때문에 크게 걱정할 필요가 없다. 시험이 끝나고 성적이 나오면 중간고사 성적과 합산하여 최종 등급이 나온다. 바로 이 등급이 학생부에 기록되는 것이다.

대부분의 고등학교에서는 1학년 2학기 성적을 토대로 2학년 학급을 배정한다. 이것이 1학기 성적보다 2학기 성적이 중요한 이유이다. 덧붙여 설명하자면, 대학 입시에서 1학년 학생부성적을 반영하는 비율은 평균 20퍼센트 정도이다. 2학년이 40퍼센트, 3학년이 40퍼센트이므로, 1학년 때 성적이 좋지 않다고 해서 너무 낙심할 필요는 없다.

다음은 1학년 학생의 생활기록부 성적에 대한 예시 자료이다.

이 학생의 과목 평균은 낮아 보일 수도 있지만 자세히 분석해 보면 단위 수가 높은 국어 · 영어 · 수학 성적이 좋으므로, 학생부성적에서는 우수한 점수를 얻게 된다. 만약 평균이 같은 학생이 있다고 가정을 해본다면, 학생부에서는 6단위 성적이 좋은 학생의 내신등급이 앞선다는 점을 기억해두자.

이것만은 기억하자

(1) 학생부 관리는 1학년 때부터 필요하다. 1학년 1학기 중간고사와 기말고사, 2학기 중간고사와 기말고사 준비를 철저히 하자.
(2) 학생부는 단위 수로 반영한다. 따라서 단위 수가 높은 과목에서 좋은 성적을 얻는 것이 중요하다.

교과	과목	1학기				2학기			
		단위 수	원점수/ 과목 평균 (표준편차)	성취도 (수강자 수)	석차 등급	단위 수	원점수/ 과목 평균 (표준편차)	성취도 (수강자 수)	석차 등급
국어	국어 I	4	93/ 72.4 (12.0)	A(289)	1				
	국어 II					4	91/ 71.2(12.5)	A(285)	1
수학	수학 I	6	86/ 59(14.1)	A(289)	1				
	수학 II					6	95/ 60.2(16.9)	A(285)	1
영어	영어 I	6	95/ 69.8(16.4)	A(289)	2				
	영어회화					6	98/ 72.5(18.6)	A(285)	1
사회 (역사 · 도덕 포함)	사회	2	97/ 76.2(12.4)	A(289)	1	2	91/ 66.7(15.2)	A(285)	2
	한국사	3	98/ 77.1(14.2)	A(289)	1	3	98/ 69.8(17.3)	A(285)	1
과학	화학 I	2	92/ 61.8(15.9)	A(289)	2	2	91/ 55.5(19.3)	A(285)	2
	생명과학 I	3	90/ 66.3(16.5)	A(289)	2	3	85/ 61.8(19.2)	A(285)	3
제2외국 어 · 한문	한문 I	2	81/ 67.8(16.5)	A(289)	3	2	97/ 62.7(19.3)	A(285)	1
이수단위 합계		27				27			

학교 프로그램 및 동아리·
봉사활동이 중요한 이유

　고등학생이 되면 학생부성적도 중요하지만, 그에 못지않게 비교과영역의 활동도 중요하다. 왜냐하면 대부분의 대학에서 반영하고 있는 학생부가 교과성적과 비교과영역을 동시에 포함하고 있기 때문이다. 따라서 학생들은 학교 프로그램 및 각종 활동에도 적극적으로 참여해야만 한다.

　비교과영역에는 동아리활동, 봉사활동, 자율활동, 진로활동,

각종 수상 경력, 학교 특별프로그램 등이 포함된다. 이 같은 비교과영역의 활동은 고등학교에 입학할 때 오리엔테이션이나 학교생활안내문 등에서 자세히 안내해준다. 지금부터 보다 자세하게 항목별로 알아보자.

동아리활동

대부분의 고등학교에서는 1년 평균 8~10회 정도의 동아리활동을 구성하여 의무적으로 활동하도록 한다. 그리고 이 활동 내용이 생활기록부에 기재된다. 동아리활동은 보통 1년 단위로 진행되지만, 때로는 3년간 지속적으로 이어지는 경우도 있다. 어떤 동아리를 선택할 것인가는 학생이 결정할 부분이지만, 가능하면 본인의 적성도 맞고 외부활동이 많은 동아리가 좋다.

동아리는 1학년이 직접 신청하고 선발되는 경우가 많으므로 꼼꼼하게 살펴보고 지원해야 한다. 학교마다 동아리 이름과 내용이 조금씩 다르며, 대개 특성에 따라 분류한다. 국어·영어·수학·과학·사회·컴퓨터 등과 같은 학술활동 영역, 방송·

음악·미술·도서 등과 같은 문화·예술 영역, 축구·농구·야구·배구·볼링·탁구·테니스·배드민턴·등산 등과 같은 스포츠 영역, 요리·수예·꽃꽂이·조경·설계·조립 등의 실습·노작활동 영역, 스카우트연맹·적십자연맹·청소년연맹 등의 청소년단체활동 영역으로 나뉜다.

다음은 모 고등학교의 동아리 현황이다.

이 동아리 중에서 하나를 신청하여 1년 동안 활동한다. 외부활동이 많은 동아리는 학생들에게 인기가 많으니 선발될 수 있도록 사전에 잘 준비해둬야 한다.

영역	동아리명	영역	동아리명	영역	동아리명
학술 활동	과학실험반	문화 · 예술 활동	방송반	스포츠 활동	볼링반
	과학독서토론반		현대미디어반		배드민턴반
	생명과학탐구반		대중음악반		등산반
	지구우주반		클래식음악반		당구반
	과학심화토론반		일본문화탐구반	실습 · 노작 활동	컴퓨터조립반
	영미문화탐구반		도서반		수학교구제작반
	수학창의력반		미술반		발명연구반
	수학기호연구반		음악반		프라모델반
	수학멘토링반	스포츠 활동	농구반		보드게임반
	신문반		테니스반		디저트반
	인권동아리반		축구반	청소년단체 활동	보이스카우트반
	시사이슈토론반		야구반		학교홍보단
	신문사설연구반		탁구반		토요수련회반
	지식채널연구반		배구반		심봉사반

봉사활동

대부분의 고등학교에서는 학교교육계획에 의거하여 1년에 10시간 이상 봉사활동을 실시하고 있다. 봉사활동이 중요한 이유는 역시 생활기록부에 기록되기 때문이다. 특히 비교과영역에서 매우 중요하며, 실제 대학 입시 때도 3년간 일정 시간 이상의 봉사활동을 요구하는 대학이 많은 편이다. 이런 이유에서 봉사활동은 많으면 많을수록 좋다고 할 수가 있다.

그렇다면 어떤 봉사활동을 하는 것이 좋을까?

첫 번째, 지속적인 봉사활동을 한다

사실 봉사활동은 어떤 것이라도 좋다. 그렇지만 1회성보다는 지속적인 봉사활동을 높이 평가하는 편이다. 1학년 때부터 1달에 1~2회씩 지속적인 봉사활동을 유지하자.

두 번째, 진로와 관련한 봉사활동을 한다

자신의 희망 진로가 의학 분야라면 병원에서 실시하는 봉사활동을 하는 것이 좋고, 과학 분야라면 과학관이나 관련 분야에서 실험하는 봉사활동을 하는 것이 좋다. 이때 단순히 청소나 정리 같은 분야보다는 직접 체험하고 실습하는 봉사활동일 경우에 더욱 높이 평가받을 수 있다.

세 번째, 동아리활동과 연계된 봉사활동을 한다

이는 앞의 동아리활동과 연계되는 부분이다. 외부에서 동아리활동과 관련하여 봉사활동을 하는 경우라면, 서로가 연계되고 체험할 수 있는 분야가 많을 것이다. 그러므로 처음 동아리를 신청할 때 외부활동이 많은 동아리를 신청하는 것도 좋은 방법이다.

자율활동

■ ■ ■

자율활동은 보통 자치활동, 행사활동, 창의적 특별활동 등으로 나눈다.

자치활동은 우리가 알고 있는 각 학급의 부서를 나누고, 부서별 활동 내용을 기록하는 것이다. 학급반장, 부반장, 서기, 부장, 부원 등을 기록하고, 담임선생님이 그 학생에 대한 활동 내용을 입력한다. 이때 학급에서 있었던 일을 보다 자세하게 기록해주는 것이 좋다. 왜냐하면 학생부종합전형의 자기소개서 항목 가운데 '나눔 및 배려' '갈등 극복 사례' 등의 내용이 들어갈 수도 있기 때문이다.

행사활동은 1년 동안 학교에서 있었던 행사를 기록하는 것이다. 이는 모든 학생들에게 동일하게 적용되므로 큰 의미를 두지 않는 것이 좋다. 보통 체험학습이나 수학여행, 체육대회, 학교축제 등이 기록이 된다.

창의적 특색활동은 각 학교에서 했던 특별프로그램을 기록하는 것이다. 보통 글쓰기 관련이나 독서활동, 과제연구 등이 기록된다. 이 프로그램도 모든 학생들에게 동일하게 진행되는 경우가 많은 편이다.

진로활동

　진로활동은 학교마다 자체적으로 운영하고 있기 때문에 이수 시간도 제각각이다. 대개 외부 강사를 초빙하거나 진로아카데미 등의 프로그램을 운영하므로, 자신의 진로와 관련된 것이라면 최대한 많이 수강하는 편이 좋다.

　하지만 일부 고등학교의 경우 모든 학생들에게 전부 수강하도록 요구하므로, 입학을 하면 먼저 진로활동에 대해 알아보는 것이 좋다. 또 일부 학교는 진로활동과 관련하여 대학이나 연구소를 탐방하기도 한다. 이러한 기회는 닿을 때마다 적극적으로 참여하여, 미래 진로를 성실히 준비하고 있는 자신의 모습을 보여주는 것도 좋다. 학생부종합전형 자기소개서 항목 가운데 네 번째 항목에서 학과에 대한 지원동기에 대하여 물어보는 대학도 있다. 이때 진로활동 내용을 중심으로 학과 지원동기를 작성한다면 좋은 평가를 얻을 수 있다.

각종 수상 및 교내경시대회

■ ■ ■

　각 학교에는 각각 다양한 교내 수상이 존재한다. 최근 외부에서 받은 상을 생활기록부에 입력하는 것이 금지되었는데, 그러다 보니 교내 각종 수상이 더욱 중요해졌다. 특히 여러 경시대회의 경우에는 전체 학년을 대상으로 실시할 때도 있고, 학년별로 실시할 때도 있다.

　이러한 교내경시대회에서 입상한다면 순위와 상관없이 좋은 평가를 받을 수 있다. 경시대회를 치르고 수상을 하면 생활기록부의 수상란에 기록이 된다. 만약 장려상이라도 하나 탔다면 학생부종합전형의 자기소개서 항목 가운데 '학업에 대한 노력' 부분에 경시대회 수상 내용을 적용해볼 수 있다. '학생이 경시대회를 통하여 학업에 노력을 기울였고 그 결과로 상을 받았다'는 식의 내용을 작성하는 것도 좋은 방법이다. 경시대회 수상은 수시모집에서 활용할 수 있는 부분이라는 점을 잊지 말자.

　또 일부 고등학교는 입상하지 못한 학생이라 할지라도, 학생이 참가했던 해당 경시대회를 생활기록부에 입력해주기도 한다. 비록 상은 못 타더라도 학생의 노력이 기록되므로 좋은 평가를 얻을 수 있다. 그러나 최근 교육청에서 이를 생활기록부에 기록하지 못하도록 하여 조금 아쉬운 부분이기도 하다.

　다음은 모 고등학교에서 실시되는 경시대회를 전부 정리한 것이다. 이러한 경시대회는 학교마다 다양하므로 어떤 경시대회가 있는지 미리 파악해둬야 할 필요성이 있다.

경시대회명	등급 구분	참가자
수학경시대회	최우수/ 우수/ 장려	전교생
수학사고력증진대회	최우수/ 우수/ 장려	2학년 자연계열
수리논술대회	최우수/ 우수/ 장려	2학년
영어경시대회	최우수/ 우수/ 장려	전교생
영어말하기대회	최우수/ 우수/ 장려	전교생
과학경시대회(물리)	최우수/ 우수/ 장려	전교생 중 희망자
과학경시대회(화학)	최우수/ 우수/ 장려	전교생 중 희망자
과학경시대회(생명과학)	최우수/ 우수/ 장려	전교생 중 희망자
과학경시대회(지구과학)	최우수/ 우수/ 장려	전교생 중 희망자
사회경시대회(경제)	최우수/ 우수/ 장려	전교생 중 희망자
사회경시대회(역사)	최우수/ 우수/ 장려	전교생 중 희망자
개인연구과제 경진대회	최우수/ 우수/ 장려	전교생 중 희망자

학교 특별프로그램

　　학교 특별프로그램은 학교마다 특색과 개성을 발휘하여 다양하게 운영하는 편이다. 이러한 학교 특별프로그램은 대부분 학년별로 학생을 선발하는데, 대개 인문계열과 자연계열의 특색이 두드러지는 경우가 많다.

　　1학년의 경우 신입생안내책자를 참고하는 것이 좋다. 보통은 내용이 꽤나 자세하므로 큰 도움이 될 것이다. 학교 특별프로그램은 희망 진로와 관계된 분야의 프로그램을 신청, 수강하는 것이 좋다. 그러나 신청자가 많아 선발되지 못할 가능성도 있으므로 이 점 또한 유의해야 한다.

　　그러나 최근에는 각 학교마다 인원 제한이 없는 개인연구와 관련된 프로그램을 운영하는 경향이 강하므로, 이를 적극 활용해보는 것도 좋다. 이 같은 개인연구는 보통 1년 단위로 연구하는데, 학교 선생님이나 외부 전문가와 함께 연구가 가능하다. 또 1~2개월 단위로 중간보고서를 제출해야 하고, 그해 11월에는 최종보고서를 제출해야 한다. 이 개인연구는 연구를 발표하는 것뿐 아니라 시상까지 하는 경우도 많다. 필자는 1학년과 2학년에

연계할 수 있고, 2학년 때는 더 심화된 주제를 정하여 이어가는 것도 좋다고 생각한다.

　다음은 모 고등학교에서 운영하고 있는 특별프로그램을 정리한 것이다.

특별프로그램	분야	대상	신청방법
영재과학탐구반	과학(탐구)	1학년	신청/ 선발
과학심화탐구실험반	과학(탐구)	2학년 자연계열	신청/ 선발
수학탐구반(1)	수학	1학년	신청/ 선발
수학탐구반(2)	수학	2학년 자연계열	신청/ 선발
수학그룹스터디	수학(논술)	2·3학년 자연계열	신청/ 선발
개인 R&E(연구과정)	인문/ 자연	1·2학년	신청/ 선발
자연탐사 및 역사탐방	인문/ 자연 융합	1·2학년	신청/ 선발
전문가 초청강연	인문/ 자연	1·2학년	희망자
진학진로아카데미	인문/ 자연	1·2학년	희망자
인문논술반	인문	2·3학년 인문계열	신청/ 선발
경제탐구반	인문	2·3학년 인문계열	신청/ 선발

이러한 학교 특별프로그램은 해당 내용과 활동이 생활기록부에 고스란히 기재된다. 이를 더욱 적극적으로 활용하려면 다음과 같은 방법이 있다. 수시모집 학생부종합전형을 쓸 경우 '고등학교 3년 동안에 의미 있는 활동'이나 '학업 증진에 대한 노력' 분야에 학교 특별프로그램을 활용하는 것이다. 이때 해당 활동에서 어떤 역할을 맡았는지 구체적으로 기록된 것이 있다면 더욱 좋다.

이것만은 기억하자

(1) 비교과영역인 동아리활동, 봉사활동, 자율활동, 진로활동, 각종 수상경력, 학교 특별프로그램 등은 생활기록부에 기재된다.
(2) 수시모집 학생부종합전형에서는 비교과영역이 충실한 학생일수록 합격할 가능성이 높다.

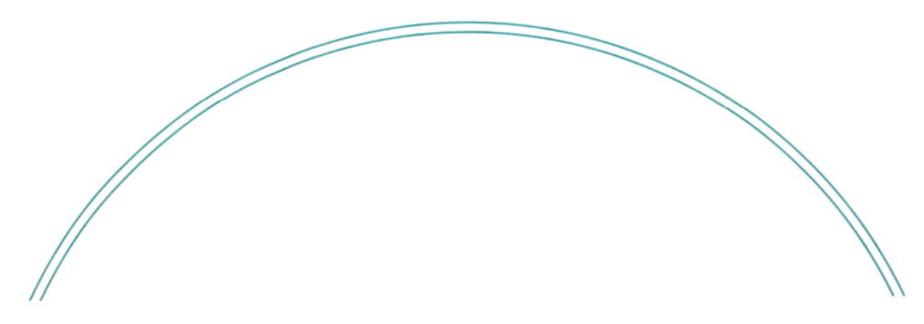

전국연합학력평가로 자신의
현재 위치와 성적을 확인한다

교육청에서 주관하는 전국연합학력평가는 1년에 4회 실시된다. 3월, 6월, 9월, 11월이다.

3월은 서울특별시교육청 주관으로 실시되며, 6월은 부산광역시교육청 주관으로 실시된다. 9월은 인천광역시교육청이, 11월은 경기도교육청이 주관한다. 총 4회의 전국연합학력평가 가운데 각 시도교육청이 선택적으로 실시하며, 서울 지역은 3월, 9월,

11월의 3회만 실시한다.

전국연합학력평가 시험 범위는 3월 초에 발표되고, 고등학교 수업 진도에 맞추어 출제된다. 보통 1학년의 경우, 3월 전국연합학력평가는 중학교 과정을 위주로 출제된다. 그리고 6월, 9월, 11월은 각 교과 진도에 맞추어서 출제 범위를 정하고 있다.

지금부터 고1에서 실시되는 전국연합학력평가에 대하여 보다 자세하게 알아보자.

3월전국연합학력평가

고등학교에서 처음으로 실시되는 3월전국연합학력평가는 보통 3월 10일 전후에 치른다.

시험 과목은 국어 · 수학 · 영어 · 한국사 · 탐구(도덕 · 사회(지리) · 사회(일반사회) · 과학(물리) · 과학(화학) · 과학(생명과학) · 과학(지구과학))이다. 이 중에서 국어 · 수학 · 영어 · 한국사는 모든 학생들이 반드시 응시해야 하는 과목이고, 탐구는 7과목 중 희망하는 2과목만 선택적으로 응시한다.

3월전국연합학력평가는 4교시로 구분되는데, 1교시는 국어(45 문항/ 80분), 2교시는 수학(30문항(단답형 30퍼센트 포함)/ 100분), 3교시는 영어(45문항(듣기 17문항 포함)/ 70분), 4교시는 한국사(20문항/ 30분)와 탐구(20문항/ 30분) 2과목의 순서이다.

3월전국연합학력평가의 경우, 시험 범위가 중학교 전 범위로 한정되어 있어 사실 1학년 학생들에게는 큰 의미가 없는 시험이라고 할 수 있다. 하지만 고등학교에 진학한 뒤 처음으로 치르는 전국 단위의 시험이므로, 이 시험을 통해 자신의 현재 위치를 파악할 수 있다는 점을 잊지 말아야 한다. 3월전국연합학력평가는 서울특별시교육청 주관으로 실시된다.

시험 종료 후에는 교육청홈페이지에 문제와 정답지가 올라온다. 문제와 정답지는 무료 다운로드가 가능하다.

6월전국연합학력평가

■ ■ ■

6월전국연합학력평가는 6월 5일 전후에 실시한다.

3월과 달리 6월전국연합학력평가에는 고등학교 과정이 들어

가므로 자신의 실력을 보다 확실히 알 수 있는 기회가 된다. 하지만 일부 과목은 중학교 과정이 들어가므로 참고할 필요가 있다.

아울러 6월에는 전국 교육청별로 응시를 하지 않는 경우도 있어 3월보다는 응시자 수가 적은 편이다. 서울 지역의 경우 모든 고등학교가 6월전국연합학력평가에 응시하지 않는다. 6월전국연합학력평가는 부산광역시교육청 주관으로 실시된다.

시험 종료 후에는 교육청홈페이지에 문제와 정답지가 올라오며 무료 다운로드가 가능하다.

다음은 2016년 6월전국연합학력평가 출제 범위이다.

출제 범위를 미리 확인하고 공부하면서 전국연합학력평가에 대비하는 것이 중요하다. 만약 6월전국연합학력평가를 치르지 않는 지역이라면 다운로드받아서 개별적으로 풀어볼 것을 권한다. 전국연합학력평가는 현재 자신의 위치를 확인하는 아주 중요한 잣대라는 것을 기억하자.

과목	출제 범위
국어	6월 수준에 맞추어 출제(국어 I 에서 출제)
수학	6월 수준에 맞추어 출제([수학 I] II. 방정식과 부등식까지)
영어	6월 수준에 맞추어 출제 (실용영어 I , 실용영어회화, 실용영어독해와 작문에서 출제)
한국사	II. 고려 귀족 사회의 형성과 발전 (중학교 역사 교육과정 반영)
탐구	도덕	II-5. 친구ㆍ이웃관계의 윤리(생활과 윤리에서 출제)

과목		출제 범위
탐구	도덕	II-5. 친구ㆍ이웃관계의 윤리(생활과 윤리에서 출제)
	사회(지리)	III-1. 고령화와 생애 설계 + 중학교 전 범위
	사회(일반사회)	III-1. 고령화와 생애 설계 + 중학교 전 범위
	과학(물리)	III-1. 생명의 탄생 + 중학교 과정 심화
	과학(화학)	III-1. 생명의 탄생 + 중학교 과정 심화
	과학(생명과학)	III-1. 생명의 탄생 + 중학교 과정 심화
	과학(지구과학)	III-1. 생명의 탄생 + 중학교 과정 심화

9월전국연합학력평가

9월전국연합학력평가는 보통 9월 5일 이전에 실시한다.

9월은 2학기가 시작되고 실시하는 첫 전국연합학력평가이므로 고등학교 1학년을 중간 점검한다는 의미가 크다. 자신이 고등학교 1학년 1학기 과정을 성실히 이수했는지에 대한 평가가 나오는 것이다. 또한 일부 과목에 불과하지만, 9월전국연합학력평가에도 중학교 과정이 나오기도 한다는 점을 알고 있어야 한다. 9월전국연합학력평가는 인천광역시교육청 주관으로 실시된다.

시험 종료 후 교육청홈페이지에 문제와 정답지가 올라온다. 역시 무료 다운로드가 가능하므로 필요하다면 다운로드받아서 사용하도록 한다.

다음은 2016년 9월전국연합학력평가 출제 범위이다. 시험 범위를 확인하고 미리 점검하는 자세를 가져보자. 가능하면 6월과 비교하며 부족한 과목을 비교해보는 것도 좋을 것이다. 시간을 내어 다시 풀어보고 부족한 과목을 보완하는 습관을 만들자.

과목		출제 범위
국어		9월 수준에 맞추어 출제(국어Ⅰ, 국어Ⅱ에서 출제)
수학		9월 수준에 맞추어 출제([수학Ⅰ]점 범위, [수학Ⅱ] Ⅰ. 집합과 명제까지(절대 부등식 제외))
영어		9월 수준에 맞추어 출제 (실용영어Ⅰ, 실용영어회화, 실용영어독해와 작문에서 출제)
한국사		Ⅲ. 조선 유교 사회의 성립과 발전 (중학교 역사 교육과정 반영)
탐구	도덕	Ⅳ-1. 사회의 도덕성과 사회윤리(생활과 윤리에서 출제)
	사회(지리)	Ⅳ-1. 과학기술의 발달과 정보화 + 중학교 전 범위
	사회(일반사회)	Ⅳ-1. 과학기술의 발달과 정보화 + 중학교 전 범위
	과학(물리)	Ⅳ. 정보통신과 신소재 + 중학교 과정 심화
	과학(화학)	Ⅳ. 정보통신과 신소재 + 중학교 과정 심화
	과학(생명과학)	Ⅳ. 정보통신과 신소재 + 중학교 과정 심화
	과학(지구과학)	Ⅳ. 정보통신과 신소재 + 중학교 과정 심화

11월전국연합학력평가

■ ■ ■

11월전국연합학력평가는 보통 11월 25일을 전후에 실시한다.

11월전국연합학력평가의 경우 1학년에서 실시하는 마지막 전국연합학력평가이므로, 1년 과정을 마무리한다는 의미가 있다. 곧 자신의 학업 능력을 확인할 수 있는 중요한 시험인 것이다. 그러나 11월전국연합학력평가도 다른 달과 마찬가지로 중학교 과정이 일부 들어가는 과목이 있다는 것도 알고 있어야 한다. 11월전국연합학력평가는 경기도교육청 주관으로 실시된다.

시험 종료 후 교육청홈페이지에 문제와 정답지가 올라온다. 문제와 정답지를 다운로드받아서 직접 풀어보자.

다음은 2016년 11월전국연합학력평가 출제 범위이다.

1학년 마지막 전국연합학력평가이므로 이전까지의 시험과는 사뭇 의미가 다르다. 시험이 끝나면 반드시 부족한 과목을 철저히 분석하고, 이와 동시에 2학년을 대비하는 사전 준비를 해야 한다. 특히 국어·수학·영어와 같은 주요과목은 반드시 점검, 또 점검해야 한다는 것을 명심하자.

과목	출제 범위
국어	11월 수준에 맞추어 출제 (국어 I, 국어 II 에서 출제)
수학	11월 수준에 맞추어 출제([수학 I] 점 범위, [수학 II] III. 수열 1. 등차수열과 등비수열까지)
영어	11월 수준에 맞추어 출제 (실용영어 I, 실용영어회화, 실용영어독해와 작문에서 출제)
한국사	IV. 일제의 강점과 민족 운동의 전개 (중학교 역사 교육과정 반영)
탐구 — 도덕	V-2. 종교와 윤리(생활과 윤리에서 출제)
탐구 — 사회(지리)	V-2. 지구촌과 지속가능한 발전 + 중학교 전 범위
탐구 — 사회(일반사회)	V-2. 지구촌과 지속가능한 발전 + 중학교 전 범위
탐구 — 과학(물리)	VI-2. 탄소순환과 기후변화 + 중학교 과정 심화
탐구 — 과학(화학)	VI-2. 탄소순환과 기후변화 + 중학교 과정 심화
탐구 — 과학(생명과학)	VI-2. 탄소순환과 기후변화 + 중학교 과정 심화
탐구 — 과학(지구과학)	VI-2. 탄소순환과 기후변화 + 중학교 과정 심화

⑴ 전국연합학력평가는 1년에 4회 실시되며, 시도교육청에 따라 실시 횟수가 다르다는 것을 기억하자.

⑵ 전국연합학력평가는 자신에게 부족한 과목을 알 수 있게 해주므로 시험 종료 후 반드시 분석을 해야 한다. 어떤 과목이 부족한지 점검하여 자신의 실력을 쌓아야 한다.

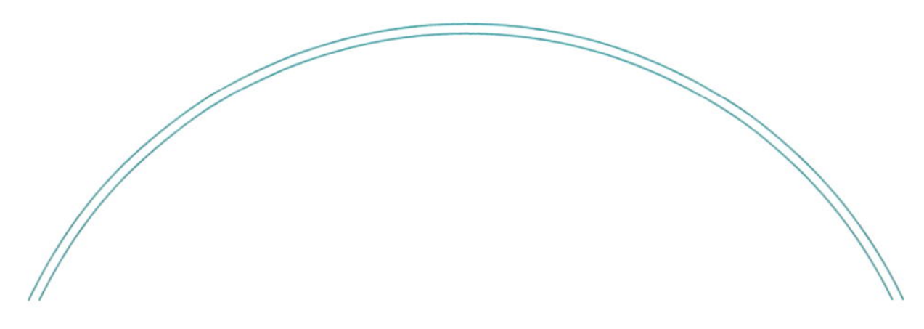

인문계열과 자연계열 선택 시 중점 포인트

1학년 2학기가 되면 인문계열과 자연계열 사이에서 계열 선택을 해야 한다. 계열 선택은 학교에서 부모님의 동의하에 실시하며, 학부모동의서를 받은 후에 배정한다.

일반적으로 인문계열은 남학생보다는 여학생의 선택이 많은 편이며, 특히 수학 과목에 자신이 없을 때 인문계열을 선택하는 편이 많다. 일반고의 경우 대개 남고는 인문계열과 자연계열의 비율이 50퍼센트 대 50퍼센트로 비등비등한 편이다. 그러나 여고는 80퍼센트 대 20퍼센트로 인문계열이 압도적으로 많은 편이다. 그러나 자율형사립고는 60~70퍼센트가 자연계열을 선택하는 경우가 많아, 일반고와는 상당한 차이가 있다. 아울러 최근에는 인문계열이 취업이 불리하다는 인식이 널리 확산되면서 자연계열 선택이 점점 늘어나는 추세이다.

하지만 교육부에서 발표한 고교 개선안에 따르면 다가올 2018년부터는 인문계열과 자연계열이 없어지고, 인문계열 + 자연계열 통합교육과정으로 개정된다고 하니 반드시 참고하길 바란다.

인문계열과 자연계열의 분야

인문계열과 자연계열에는 각각 어떤 분야와 전공이 있을까? 인문계열이이든 자연계열이든 분야와 전공이 상당히 많은 데다 대학별로 명칭이 조금씩 다르므로 전체를 다 나누기는 어려울 것이다. 다음은 각 계열별 분야를 대표 학과 위주로 대략적이나마 나누어본 것이다.

구분	계열	대표 학과
인문 계열	어문 계열	국어국문학, 노어(논문)학, 독어(독문)학, 루마니아어학, 말레이·인도네시아어학, 몽골어학, 미얀마어학, 베트남어학, 불어(불문)학, 스페인어학, 아랍어학, 아프리카어학, 언어학, 영어(영문)학, 일어(일문)학, 중어(중문)학 등
	인문 계열	고고미술사학, 고고학, 국민윤리학, 국사학, 국제문화학, 기독교학, 문예창작학, 문헌정보학, 문화인류학, 문화컨텐츠, 문화학, 사학, 신학, 철학 등
	법정 계열	경찰법학, 경찰학, 경찰행정학, 국제법무학, 도시밒정보행정학, 도시행정학, 법학, 보건행정, 소방행정학, 외교학, 정치외교학, 행정정보학, 행정정책학, 행정학 등
	상경 계열	경영정보학, 경영학, 경제학, 관광경영학, 관광학, 국제경영학, 국제경제학, 국제무역통상학, 금융보험학, 무역학, 물류학, 비서학, 산업경제학, 세무학, 외식경영학, 정보통계학, 호텔경영학, 회계정보학, 회계학 등
	사회 계열	광고(홍보)학, 국제관계학, 국제학, 도시·지역계획학, 보육학, 부동산학, 북한학, 사회(과)학, 사회복지학, 신문방송학, 심리학, 언론영상학, 언론정보학, 인류학, 지리학, 지역(사회)개발학 등
	가정 계열	가정복지학, 가족·소비자학, 가족복지학, 생활과학, 소비자주거학, 아동가족학, 아동학, 외식산업학, 외식조리학, 의류(의상)학 등

	교육학 계열	교육공학, 교육심리학, 교육학, 유아교육학, 유아특수교육학, 중등특수교육학, 초등교육학, 초등특수교육학, 국어교육학, 독어교육학, 불어교육학, 영어교육학, 일어교육학, 한국어교육학, 한문교육학, 국민윤리교육학, 국사교육학, 사회교육학, 역사교육학, 윤리교육학, 지리교육학 등
자연 계열	자연과학 계열	수학, 물리학, 화학, 생물학, 생명과학, 통계학, 지구환경과학, 에너지과학, 천문학, 대기과학, 지구시스템과학 등
	공학 계열	기계공학, 건축학, 건축공학, 산업공학, 건설환경시스템공학, 신소재공학, 조경학, 메카트로닉스공학, 전기공학, 전자공학, 컴퓨터공학, 미디어학, 나노공학, 화학공학, 고분자공학, 재료공학, 금속공학, 조선공학, 해양공학, 원자핵공학 등
	의학 계열	의학, 치의학, 한의학, 수의학, 약학, 한약학, 간호학, 임상병리학, 치기공, 치위생, 방사선, 물리치료, 응급구조, 의료공학, 피부관리학 등
	농업생명 계열	산림공학, 식품공학, 식품영양학, 생명산업공학, 환경생태공학과, 생화학 등
	교육학 계열	수학교육학, 과학교육학(물리, 화학, 생명과학, 지구과학), 컴퓨터교육학 등

이 표에서 알 수 있듯이 인문계열과 자연계열은 분야도, 전공도 판이하게 다르다. 그러므로 미래의 자신이 공부할 분야에 대하여 미리 정보를 얻고 진학하는 것이 더욱더 먼 미래의 진로에 크게 도움 된다는 사실을 기억해두자.

인문계열과 자연계열의 이수과목

■ ■ ■

일반적으로 2학년과 3학년은 국어·영어·수학과 같은 주요 과목을 중심으로 수업을 진행하는 편이다. 당연히 주요과목의 수업시수가 많아질 수밖에 없다. 탐구 과목의 경우에는 학교 사정에 따라 조금씩 달라진다. 특히 인문계열과 자연계열은 서로 배우는 과목이 다르다.

일반적으로 인문계열은 사회 과목을 더 많이 배우고, 자연계열은 과학 과목을 더 많이 배운다. 인문계열은 대개 2학년 때 윤리와 사상·세계사·세계지리·법과 사회 등을 배우고, 3학년 때 한국지리·사회문화·동아시아사·경제 등을 배운다. 학생들의 희망에 따라 선택적으로 배우는 경우가 많으나, 학교에 따라 과목을 지정하는 경우도 있다. 사회 과목은 한국사가 수능 필수과목으로 되면서 9개 과목으로 수정되었다.

자연계열에서는 2학년 때 물리Ⅰ·화학Ⅰ·생명과학Ⅰ·지구과학Ⅰ을 배우는 것이 일반적이다. 그리고 3학년이 되면 물리Ⅱ·화학Ⅱ·생명과학Ⅱ·지구과학Ⅱ를 선택하여 2과목을 배우게 된다. 하지만 일부 고등학교는 1학년 때 과학을 배우는 대신 화학Ⅰ·생명과학Ⅰ·지구과학Ⅰ 중에서 2과목을 먼저 수업하는 경우도 있으며, 2학년 때 Ⅱ과목의 일부를 먼저 수업하는 경우도 있다. 과학 과목의 경우 Ⅰ과목은 필수적으로 4과목을 수업해야 하고, Ⅱ과목은 몇 단위 이상 이수해야 한다. 자연계열은 인문계열보다 수학 관련 수업시수가 많은 편이다. 왜냐하면 자연계열 수학에는 인문계열에 없는 '미적분Ⅱ'와 '기하와 벡터'가 포함되어 있기 때문이다.

계열 선택 시 유의사항

■ ■ ■

최근 인문계열 졸업자가 취업과 관련하여 난항을 겪는 것이 사회적으로 문제시되면서, 자연계열을 선택하는 학생 수가 늘어난다는 보고가 있다.

그러나 계열 선택을 할 때, 이것만은 반드시 알아둬야 한다. 인문계열에 비해 자연계열의 취업이 수월하더라도, 가장 기본적으로는 자신의 적성이나 과목 선호도가 높아야 한다는 점이다. 수학이나 과학 과목을 싫어하는 학생이 자연계열로 진학한다는 것은 말도 되지 않는다. 최소한 수학과 과학에 흥미와 관심이 있어야 대학에 진학해도 공부가 어렵지 않을 것이기 때문이다. 때로는 몇몇 학생들이 '친구 따라 강남 가기'식으로 선택을 하는데, 이것 역시 정말 추천하지 않는 바이다. 계열 선택은 반드시 적성과 흥미를 고려해야 한다.

계열 선택 시 반드시 알아야 할 것이 하나 더 있다. 취업뿐 아니라 대학 진학 자체도 자연계열에 비해 인문계열이 더 어렵다는 사실이다. 가장 큰 이유는 인문계열의 학생 수 자체가 자연계열 학생 수에 비하여 더 많기 때문이다.

2016학년도 대학수학능력시험 응시자 수를 확인해보자. 수학을 예로 들겠다. 인문계열을 대상으로 하는 수학A형의 경우, 전체 수능인원 623,739명 중 427,925명이 선택했다. 물론 자연계열 학생 중에서도 수학A형 선택자가 있기는 하다. 그래도 인문계열 학생 수가 적어도 전체의 60퍼센트 이상을 차지한다. 인문계열 응시자가 많은 만큼, 대학 진학 시 어려움을 겪을 가능성도 높아진다.

실제로 2016학년도 정시모집에서 인문계열과 자연계열 합격자의 표준점수를 비교해보면, 같은 대학이라고 해도 인문계열이 최소 10~15점 더 높게 나오는 것을 알 수 있다. 따라서 인문계열을 선택한 학생이라면, 이러한 상황을 명확히 파악하고 진로를 결정해야 한다.

이것만은 기억하자

(1) 인문계열과 자연계열의 선택은 대학 입시에서 아주 중요하므로, 자신의 관심과 적성에 맞는 계열을 선택하는 것이 중요하다.

(2) 2학년과 3학년에서 배우는 과목을 미리 확인하고 계열을 결정하는 것이 좋다. 무엇보다 인문계열의 경우, 자연계열에 비하여 대학 진학이 어렵다는 점을 확실히 인지하고 선택하는 것이 중요하다.

고등학교 2학년: 입시의 준비

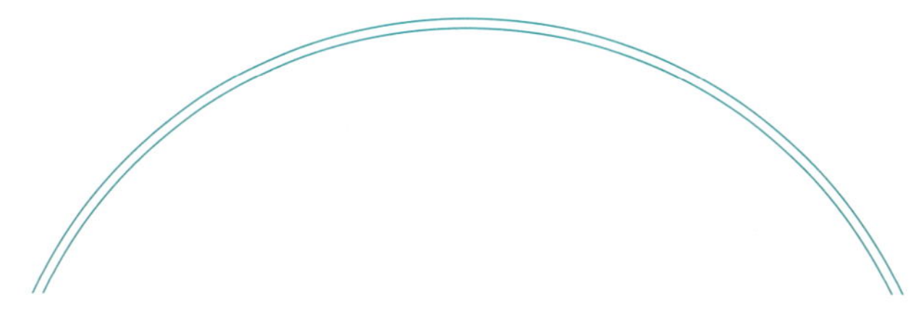

인문계열과 자연계열의
교육과정을 미리 파악하라

  2학년이 되고 계열이 나뉘면, 학생들의 경향이 1학년 때와는 달라지는 경우가 발생한다. 이러한 변화는 후배들이 생기고 학교생활에 완전히 적응하면서 생기는 자연스러운 현상이다.

  하지만 2학년 시기가 얼마나 중요한지는 경험해본 학생이라면 모두가 알 터이다. 2학년 공부가 3학년으로 이어지고, 수능까지 쭉 절대적인 영향을 미치기 때문이다. 그렇지만 정작 2학년이 된 학생들을 이 사실을 알지 못하기에, 때로는 좋지 않는 방향으로 흘러가는 상황이 생기고 만다.

고등학교 1학년은 이제 막 고등학생이 되었고, 새로운 학생들과 만나면서 무엇인가 해봐야겠다는 의지도 있을 시기이다. 그래서 나름대로 공부도 열심히 하고 최선을 다한다. 그러나 2학년이 되면 약간 느슨해지기 십상이다. 수능까지는 1년도 더 남았고, 학교에서도 조금은 관심을 덜 기울이는 학년이다. 그러다 보니 목표의식을 잃어버리고 공부에 소홀해지는 경우가 늘어난다. 남학생의 경우에는 게임에 몰두하면서, 여학생의 경우에는 아이돌 가수와 같은 연예인에게 빠지면서 문제가 발생한다.

이렇게 2학년 시기를 흘려보내게 되면 3학년 때 힘들어진다. 하루 이틀 만에 성적이 뛰어오르는 것도 아니고, 흘려보낸 시간만큼 좋은 대학에 가는 것도 어려워진다. 곧 2학년 시기를 어떻게 보내는가에 따라 대학이 달라지게 된다는 말이다.

지금부터 입시의 준비 시기인 2학년에 대하여 알아보자. 다음은 고등학교 2학년 교육과정을 정리한 표이다.

구분		2학년 교육과정		
		1학기	2학기	전체
A고	인문	문학I(5단위), 화법과작문I(3단위), 한국사(3단위), 세계지리(4단위), 수학I(5단위), 정보(1단위), 영어II(6단위), 중국어(4단위), 일본어(4단위), 창체(2단위)	문학II(5단위), 화법과작문I(3단위), 한국사(3단위), 세계지리(4단위), 수학I(5단위), 정보(1단위), 영어회화(6단위), 중국어(4단위), 일본어(4단위), 창체(2단위)	• 1학기:10과목 • 2학기:10과목
	자연	문학I(5단위), 한국사(3단위), 수학I(7단위), 수학II(3단위), 물리I(3단위), 화학I(3단위), 정보(1단위), 영어II(6단위), 창체(2단위)	문학II(5단위), 한국사(3단위), 수학I(7단위), 수학II(5단위), 물리I(3단위), 화학I(3단위), 정보(1단위), 영어II(6단위), 창체(2단위)	• 1학기:10과목 • 2학기:10과목
B고	인문	문학(5단위), 미적분I(2단위), 확률과통계(2단위), 영어II(5단위), 경제(3단위), 사회문화(3단위), 윤리와사상(3단위), 제2외국어선택(3단위), 스포츠(2단위), 음악미술 선택(2단위)	문학(5단위), 미적분I(2단위), 확률과통계(2단위), 심화영어(5단위), 경제(3단위), 사회문화(3단위), 윤리와사상(3단위), 제2외국어선택(3단위), 스포츠(2단위), 음악미술 선택(2단위)	• 1학기:10과목 • 2학기:10과목

	자연	문학(5단위), 미적분Ⅰ(5단위), 확률과통계(1단위), 영어Ⅱ(4단위), 생명과학Ⅰ(2단위), 물리Ⅰ(2단위), 지구과학Ⅰ(2단위), 제2외국어선택(3단위), 스포츠(2단위), 음악미술 선택(2단위)	문학(5단위), 미적분Ⅰ(5단위), 확률과통계(1단위), 심화영어(4단위), 생명과학Ⅰ(2단위), 물리Ⅰ(2단위), 지구과학Ⅰ(2단위), 제2외국어선택(3단위), 스포츠(2단위), 음악미술 선택(2단위)	• 1학기:10과목 • 2학기:10과목
C고	인문	문학(6단위), 미적분Ⅰ(3단위), 확률과통계(3단위), 심화영어독해(6단위), 동아시아사(3단위), 사회문화(3단위), 세계사(3단위), 제2외국어선택(3단위), 단체(2단위), 창체(1단위)	문학(6단위), 미적분Ⅰ(3단위), 확률과통계(3단위), 심화영어작문(6단위), 동아시아사(3단위), 사회문화(3단위), 세계사(3단위), 제2외국어선택(3단위), 단체(2단위), 창체(1단위)	• 1학기:10과목 • 2학기:10과목
	자연	문학(6단위), 미적분Ⅰ(3단위), 확률과통계(3단위), 심화영어독해(6단위), 물리Ⅰ(2단위), 화학Ⅰ(2단위), 지구과학Ⅰ(2단위), 제2외국어선택(3단위), 단체(2단위), 창체(1단위)	문학(6단위), 미적분Ⅱ(3단위), 확률과통계(3단위), 심화영어독해(6단위), 물리Ⅰ(2단위), 화학Ⅰ(2단위), 지구과학Ⅰ(2단위), 제2외국어선택(3단위), 단체(2단위), 창체(1단위)	• 1학기:10과목 • 2학기:10과목

가장 먼저 해야 할 일은 2학년 교육과정을 파악하는 것이다. 그리고 1학년 때와 마찬가지로 2학년 때 배우는 과목 중에서 단위 수가 높은 과목에 우선적으로 집중한다.

만약 B고에 다니는 인문계열 학생이라면 1학기에는 단위 수가 높은 문학·영어Ⅱ 과목에, 2학기에는 문학·심화영어 과목에 집중해야 한다. 자연계열 학생이라면 1학기에는 문학·미적분Ⅰ·영어Ⅱ 과목에, 2학기에는 문학·미적분Ⅰ·심화영어 과목에서 좋은 성적을 받도록 노력해야 할 것이다.

학생부 관리:
2학년 학생부는 대학 입시에
필수적이라는 것을 기억하라

1학기 중간고사

1학기 중간고사는 1학년 때와 거의 같은 시기인 4월 말에 치른다.

앞에서도 언급했지만 중간고사는 1달 전, 아무리 늦어도 3주 전부터는 준비하는 것이 좋다. 중간고사는 1학년과 마찬가지로 전 과목을 치르지 않고 주요과목 위주로 시험 본다. 당연히 수업 시수가 많은 과목이 중요하므로 주요과목인 국어·영어·수학 교과 과목을 위주로 공부를 시작하는 것이 좋다. 그다음에는 수업시수가 큰 과목의 순서로 공부한다.

하지만 여기서 중요한 점이 또 하나 있다. 서울대를 제외한 대부분의 대학은 인문계열의 경우 국어·영어·수학·사회 과목을, 자연계열의 경우 국어·영어·수학·과학 과목을 반영한다는 것이다. 따라서 인문계열은 사회 과목, 자연계열은 과학 과목에 신경을 써둬야 한다. 또 대부분의 대학에서는 2학년 학생부의 반영비율을 전체의 40퍼센트나 반영하므로, 좋은 성적을 받는 것이 무엇보다 중요하다.

중간고사가 끝나면 차분하게 시험 분석을 하고, 하루라도 빨리 기말고사에 대비해야 한다. 2학년 때는 1학년 때와 달리 자신에게 부족한 과목에 대한 보완이 필요한데, 그래야만 3학년 공부에 도움 되기 때문이다.

1학기 기말고사

1학기 기말고사는 1학년 때와 비슷하게 7월 초에 치르는 경우가 많다.

기말고사는 전 과목 시험을 보기 때문에 신경 써야 할 과목이 많은 편이다. 그러나 이미 알고 있듯이 예체능 과목은 성취도만 기록하므로 크게 신경을 쓰지 않아도 된다. 오히려 주요과목에 대한 준비가 더더욱 중요하다. 아울러 중간고사와 합산할 때 단위 수가 높아 성적이 크게 영향을 미치는 과목만큼은 반드시 철저하게 준비해야 한다. 고등학교에 따라 다르지만 수학이나 국어는 5단위, 6단위를 차지하기도 한다. 이러한 과목의 경우에는 어떻게든 2등급 이내로 받게끔 노력해야 한다.

기말고사가 끝나고 성적표가 나오면 부족한 과목을 세밀히 분석하고, 여름방학을 대비해야 한다. 여름방학 때 이 과목을 확 잡아둬야 하기 때문이다. 2학년 여름방학에는 국어·영어·수학과 같은 과목을 철저히 준비해야 하는데, 개인적으로는 특히 수학에 대한 대비가 필수적이라고 생각한다. 왜냐하면 수학 과목 중에서도 인문계열은 미적분, 확률과 통계를, 자연계열은 미적분,

확률과 통계, 기하와 벡터처럼 난이도 있는 내용을 배우기 때문이다. 당연히 성적을 올리기도 쉽지 않다.

2학기 중간고사

2학기 중간고사는 1학년 때와 비슷하게 10월 초에 실시된다. 하지만 일부 고등학교의 경우, 9월 말에 시험을 보기도 한다.

2학년 2학기는 정말 중요한 학기이다. 고3으로는 가는 길목 그 자체이기 때문이다. 같은 이유에서 시험 준비는 물론이거니와 공부 자체에 집중도 역시 높여야 한다.

2학기 중간고사는 1학기와 마찬가지로 전 과목이 아니라 국어·영어·수학 같은 주요과목을 집중적으로 공부해야 한다. 앞에서 이야기했듯이 2학년 학생부는 정말 중요하므로, 성적을 최대한 올리도록 노력해야만 한다. 성적이 나오면 반드시 부족한 과목을 분석, 보완하자. 그리고 2학기 기말고사에서 좋은 성적을 받도록 사선 준비를 해두자. 이때 역시 딘위 수가 높은 괴목을 중심으로 철저히 준비해야 한다.

2학기 기말고사

■ ■ ■

2학기 기말고사는 1학년 때와 비슷하게 12월 초에서 중순 사이에 실시된다.

1학기와 마찬가지로 학생부성적 관리를 위해서는 국어·영어·수학의 주요과목을 집중적으로 공부해야 한다. 기말고사 성적은 중간고사 성적과 합산하여 학생부 등급으로 결정되므로 끝까지 긴장을 풀면 안 된다. 또한 학생부성적은 주요과목 평균이 2등급 이내로 나오도록 노력해야 한다.

기말고사가 끝나면 곧이어 겨울방학이 시작된다. 2학년 겨울방학은 거듭 강조해도 부족함이 없을 만큼 중요한 시기이다. 왜냐하면 고3이 되기 전 마지막으로 성적을 올릴 수 있는 시간이기 때문이다. 따라서 '나는 이미 고3이다'라는 생각으로 수능 과목 준비를 시작해야 한다.

만약 가능하다면 탐구 과목을 선택해둔 다음, 미리 공부를 시작해도 좋다. 물론 탐구 과목은 3학년에 올라가서 결정해도 된다. 그러나 2학년 겨울방학 때 탐구 과목을 미리 끝내놓은 학생이 수능에서 우수한 성적을 거두는 경우가 많으므로, 가능하다면 이 방법을 추천한다.

그러나 여기서 당부하고 싶은 것이 있다. 탐구 과목은 국어 · 영어 · 수학의 공부가 어느 정도 된 학생들에게만 권한다는 점이다. 주요과목의 성적을 올리는 데에는 오랜 시간이 필요하다. 그에 반해 탐구는 조금 더 빠른 시간에 점수를 상승시킬 수 있다. 따라서 주요과목이 평균 2등급 이상 나오는 학생이라면 겨울방학에 미리 탐구 과목 공부를 시작해도 좋을 것이다.

다음은 한 2학년 학생의 생활기록부 성적의 예시 자료이다.

이 학생은 단위 수가 높은 과목인 문학 · 미적분Ⅰ · 영어의 등급이 좋으므로 학생부에 들어갈 때 우수한 성적을 얻을 수 있다. 아울러 자연계열인 데다 국어 · 수학 · 영어 · 과학 과목이 반영되는 대학이 많으므로, 해당 과목의 성적을 끌어올리는 것이 유리하다고 볼 수 있다. 만약 인문계열 학생이라면 국어 · 수학 · 영어 · 사회 과목의 반영이 많으므로 성적 관리가 필요하다. 그러나 무엇보다 중요한 것은 학생부성적이 꾸준하게 상승하고 있나는 것을 보여줘야만 결과적으로 좋은 평기를 얻을 수 있다는 점을 명심하자.

교과	과목	1학기				2학기			
		단위 수	원점수/ 과목 평균 (표준편차)	성취도 (수강자 수)	석차 등급	단위 수	원점수/ 과목 평균 (표준편차)	성취도 (수강자 수)	석차 등급
국어	국어	4	97/ 76.2 (12.4)	A(183)	1	4	92/ 66.7 (15.2)	A(183)	2
수학	확률과 통계	2	88/ 61.8 (16.9)	A(183)	2	2	76/ 58.5 (19.3)	A(183)	3
	미적분 I	5	89/ 64.3 (16.5)	A(183)	2				
	미적분 II					5	94/ 56.9 (13.5)	A(183)	1
영어	영어 II	5	87/ 65.8 (16.5)	A(183)	2				
	영어독해와 작문					4	95/ 72.1 (21.4)	A(183)	1
과학	물리 I	3	72/ 55.2 (18.3)	A(183)	3	3	85/ 59.8 (19.5)	A(183)	2
	지구과학 I	3	95/ 56.6 (16.2)	A(183)	1	3	90/ 51.7 (18.2)	A(183)	2
기술 · 가정 · 제2외국어 · 한문 · 교양	논술	3		P		3		A(183)	
	일본어 I	3	98/ 73.7 (18.4)	A(183)	1	3	96/ 72.8 (17.4)	A(183)	1
이수단위 합계		27				27			

이것만은 기억하자

(1) 2학년 학생부는 인문계열의 경우 국어·영어·수학·사회교과가, 자연계열의 경우 국어·영어·수학·과학교과가 대학 입시에서 주로 반영된다는 것을 기억하자.

(2) 1학년과 마찬가지로 단위 수가 높은 과목의 성적이 중요하며, 대학 입시에서 2학년 성적의 반영비율은 평균 40퍼센트 정도라는 점을 기억하자.

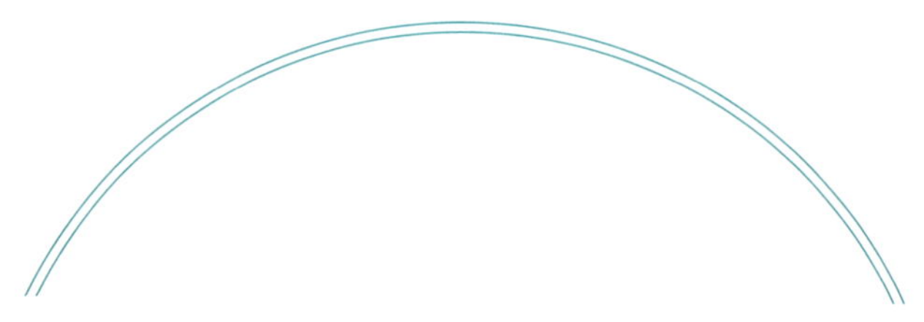

학교 프로그램 및
동아리·봉사활동에서 유의할 점

　2학년 역시 1학년 때와 마찬가지로 다양한 비교과활동을 해야 한다. 앞에서도 강조했지만 비교과영역 활동은 대학 입시 학생부종합전형에서 매우 중요하게 작용한다. 그러므로 1학년 때 활동과 연계하여 지속적으로 활동하는 것을 권한다. 새로운 것을 다시 시작하는 것보다는 1학년 때부터 2학년 때까지 2년 동안 꾸준히 활동하였다는, 이 학생의 성실성이 믿을 만하다는 점을 드러내는 것이 중요하다. 2학년 때도 비교과영역인 동아리활동, 봉사활동, 자율활동, 진로활동, 각종 수상 경력, 학교 특별프로그램 등에 참여하거나, 관련 내용이 기재될 수 있도록 준비해야 한다. 지금부터 각 항목별로 알아보자.

동아리활동

대부분의 고등학교에서는 연평균 8~10회 정도의 동아리활동을 구성한다. 가능한 1학년 때와 같은 동아리활동을 하는 것이 좋으며, 만약 다른 동아리를 하게 된다면 활동이 많은 곳을 선택하는 편이 좋다. 아울러 2학년이 되면 1학년 동아리 후배들이 들어온다. 후배들과 좋은 관계를 유지하는 것 또한 학교생활을 잘할 수 있는 원동력의 하나이다.

여기에 2학년 때 동아리 대표가 된다면 다양한 활동을 통하여 리더십을 기를 수 있을 뿐만 아니라 얻을 수 있는 것도 늘어난다. 대학 입시 때 자기소개서를 써야 하는 경우라면 더더욱 도움이 된다. 왜냐하면 자기소개서에는 고등학교 3년 동안 겪었던 의미 있는 활동을 기입하는 곳이 있기 때문이다. 이때 동아리활동을 기입한다면 2학년 때 활동을 중심으로 넣는 것이 좋다. 동아리활동은 보통 2학년이 주도적으로 운영하기 때문에 1학년에 비해 이야기성이 풍부하므로, 이때의 경험을 통하여 느끼고 깨달은 것을 솔직히 기록하면 보다 좋은 평가를 받는 데에도 유리해진다. 2학년 동아리활동을 통해 의미 있는 기록이 생활기록부에 기재될 수 있도록 노력을 기울이자.

봉사활동

■ ■ ■

봉사활동의 경우 1학년 때와 마찬가지로 1년에 10시간 이상씩 학교교육계획에 의거하여 실시하고 있다. 그러나 이 시간을 의미 있는 활동으로 만들고 대학 입시에도 적극 활용하려는 생각이 있다면, 무엇보다 다양한 봉사활동을 하라고 권하고 싶다. 하지만 봉사활동에 있어 가장 중요한 것은 꾸준히, 지속적으로 이어가는 것이다.

앞에서도 언급했듯이 1달에 1~2회 지속적으로 활동하는 봉사가 제일 좋으며, 자신의 희망 진로와 연관된 활동이라면 더욱 좋다. 대학 입시 자기소개서에 기록할 때도 꾸준한 봉사활동을 통해 느끼고 깨닫고 얻은 것을 솔직하게 담아야 의미 있는 활동으로 인정받으며 좋은 평가를 받는 데에도 유리하다. 또 봉사활동을 하며 얻은 자료나 활동지 같은 것이 있다면 보관해두었다가, 추후 수시모집 때 관련 자료로 제출하는 것도 도움이 된다. 수시모집에서 활동보고서를 제출을 요구하는 대학도 일부 존재하므로, 그럴 때 유용하게 사용될 것이다. 2학년 때 지속적이고 꾸준한 봉사활동을 할 수 있다면 3학년이 되어서 활용할 수 있는 기회가 많다는 사실을 잊지 말자.

자율활동

1학년 때와 마찬가지로 자율활동은 자치활동, 행사활동, 창의적 특색활동 등으로 나눌 수 있다.

만약 기회가 된다면 반장과 부반장 같은 학급 인원을 하는 것도 좋다. 왜냐하면 생활기록부에 자치활동의 일환으로 학급 임원 경력이 입력되는데, 이 경우 리더십 부분에서 특히 좋은 평가를 받을 수 있기 때문이다. 또 학급에서 있었던 일을 보다 자세하게 알 수 있으므로 자기소개서 항목 가운데 '나눔 및 배려' '갈등 극복 사례' 등에 활용할 수도 있다.

행사활동은 모든 학생들에게 1년 동안 있었던 행사를 동일하게 기록하므로 큰 의미가 없다. 하지만 자신이 주도적으로 참여한 행사라면 적극적으로 기록해야 한다. 예를 들어 학생회 임원이라면 학교축제와 같이 적극적으로 활동한 내용을 비롯하여 각종 학교행사를 기록하는 데 유리해지기 때문이다.

창의적 특색활동은 고등학교에서 했던 특별한 프로그램을 기록하는 것이다. 이때 특별한 내용이 생활기록부에 기재된다면 더욱 좋다. 자신에게 좀 특별한 자율활동 내용이 있다면 3학년에서 활용하는 데 큰 도움이 된다는 점을 기억해두자.

진로활동

진로활동은 학교마다 자체적으로 운영하고 있으며 이수 시간도 다양하다. 특히 여러 분야의 외부강사를 초빙하거나 진로에 관련된 내용이 많기 때문에 최대한 많이 수강하길 권한다. 2학년은 1학년 때와 달리 어느 정도 진로가 정해져 있는 상태이다. 이미 인문계열과 자연계열로 나뉘었기 때문이다. 진로와 관련된 방문이나 탐방할 기회가 있다면 가능한 참석하도록 노력한다.

이 같은 진로활동은 학생부종합전형에서 자기소개서를 쓸 때 매우 유용하다. 자신의 미래를 충실히 준비해두었다면 학과 지원 동기를 물어보는 경우에 효과적으로 활용할 수 있기 때문이다. 고등학교 때부터 관심 분야를 충실히 준비하고 관련 활동을 해왔다고 강조하면 좋은 평가를 받기 수월해진다. 진로 준비를 철저히 해두는 것은 곧 수시모집 준비를 미리 해두는 셈이라는 사실을 잊지 말자.

각종 수상 및 교내경시대회

2학년이 되면 다양한 교내경시대회에 참여하여 수상할 가능성이 더욱 높아진다. 이제는 전공 분야도 공부할 수 있고, 준비만

해둔다면 상위권 입상도 가능하다.

앞에서도 언급했지만 외부 수상은 생활기록부 입력이 금지되었기 때문에 교내 수상이 점점 더 중요해지는 추세이다. 교내경시대회는 학생부종합전형의 자기소개서 항목 가운데 '학업에 대한 노력'에서 그 의미를 강조할 수 있다. 평소 학업에 많은 노력을 기울였으며, 그 결과 경시대회에서 수상을 했다는 의미가 되기 때문이다. 이는 충분히 좋은 평가를 받을 만한 요소라 확신한다. 따라서 2학년 때는 다양한 경시대회에 참가하고 반드시 좋은 성적을 얻어, 자신의 장점 중 하나로 만들어둬야 한다.

학교 특별프로그램

1학년 때와 마찬가지로 2학년 때도 학교에서 실시하는 다양한 특별프로그램에 참여하게 된다. 일반적으로 2학년을 위한 특별프로그램은 1학년을 위한 특별프로그램보다 많고 다양하므로, 본인에게 도움될 프로그램을 고르는 혜안도 필요하다.

이왕이면 자신의 전공 분야에 도움이 될 만한 프로그램을 신청, 수강하는 편이 좋다. 1회로 끝나는 단발성 프로그램보다는 여러 번 진행하거나, 1년에 걸쳐 진행하는 프로그램이 더더욱 좋다. 앞서 언급한 개인연구프로그램을 1학년 때 못 했다면 2학년 때는 반드시 성공시켜보자. 또한 1학년 때 진행했던 것을 보다 심도 깊게 연구하는 것도 좋다. 고등학생이 개인연구를 했다는 사실은 대학에서 좋은 평가를 얻을 수 있는 요소이다.

마지막으로 자신이 참가한 프로그램이나 개인연구 등은 꼬박꼬박 정리해둬야 한다. 이러한 개인활동 자료는 추후 대학 제출 시 무척 유용하다. 다시 한 번 강조하지만 2학년 때의 다양한 학교 특별프로그램에 활동은 이후 수시모집에서 활용도가 높으므로 가능한 열심히 챙겨두자.

이것만은 기억하자

(1) 비교과영역인 동아리활동, 봉사활동, 자율활동, 진로활동, 각종 수상경력, 학교 특별프로그램 등의 중요성을 잊지 말자. 이 활동이 생활기록부에 꾸준히 기록되도록 성실히 노력해야 한다.
(2) 수시모집 하생부종합전형의 지원 시 비교과영역 내용이 합격을 결정한다는 점을 기억하자. 비교과의 경우 1학년의 활동과 연계되는 것이라면 더 좋은 평가를 얻을 수 있다.

2학년 전국연합학력평가는 수능과 연관성이 깊다는 것을 기억하자

　2학년 전국연합학력평가는 1학년 때와 마찬가지로 교육청에서 주관하며 1년에 4회 실시된다. 1학년과 마찬가지로 3월, 6월, 9월, 11월에 실시한다. 주관하는 교육청도 3월은 서울특별시교육청, 6월은 부산광역시교육청, 9월은 인천광역시교육청, 11월은 경기도교육청 주관으로 1학년 때와 동일하다. 4회의 전국연합학력평가는 교육청별로 선택하며, 서울 지역은 3월, 9월, 11월의 3회만 실시한다.

그러나 2학년 전국연합학력평가는 1학년 때와 달리 무척이나 중요한 위치를 차지한다. 이 시기부터는 대학수학능력시험에서 실시하는 과목이 조금씩 늘어나기 시작하므로, 자신의 위치를 보다 명확하게 파악할 수 있기 때문이다.

2학년 전국연합학력평가에서는 국어·수학·영어의 주요과목 성적이 가장 중요하다. 탐구 과목은 보통 3학년 때 완성되기 때문이다. 그러므로 주요과목에서 꾸준히 1등급이 나오도록 전력 집중해야 한다. 그래야만 상위권 대학 진학에 유리하다.

그중에서도 가장 중요한 것은 11월전국연합학력평가이다. 이유는 2가지이다. 첫 번째 이유는 2학년의 마지막 시험이라는 점이다. 두 번째 이유는 고등학교 교과 내용이 가장 많이 출제되기 때문에 3학년 수능성적을 예상할 수 있는 최초의 잣대가 되어준다는 점이다.

2학년 11월전국연합학력평가에서 우수한 성적을 얻는 학생들이 실제 수능에서도 최상위권을 유지하는 사례는 무척이나 많았다. 그러므로 2학년 전국연합학력평가는 자신의 수능 실력을 미리 점검하는 기회라 생각하고 한 문제 한 문제 최선을 다해 준비하고 풀어나가는 자세가 필요하다. 지금부터 고2에서 실시되는 전국연합학력평가에 대하여 더욱 자세히 알아보겠다.

3월전국연합학력평가

2학년의 3월전국연합학력평가는 1학년 때와 비슷한 3월 10일 전후에 실시된다.

시험 과목은 국어·수학(가형/나형)·영어·한국사·사회탐구(생활과윤리·윤리와사상·한국지리·세계지리·동아시아·세계사·법과정치·경제·사회문화)·과학탐구(물리Ⅰ·화학Ⅰ·생명과학Ⅰ·지구과학Ⅰ)·직업탐구·제2외국어 및 한문이다. 이 중에서 국어·수학(가형/나형)·영어·한국사는 필수과목이다. 인문계열은 수학 나형과 사회탐구를, 자연계열은 수학 가형과 과학탐구 가운데 선택하여 응시한다.

참고로 원래 과학탐구는 Ⅱ과목 4개가 포함되어 총 8과목이지만, Ⅱ과목은 3학년 때 배우므로 2학년에서는 Ⅰ과목만 실시한다. 또 직업탐구와 제2외국어 및 한문은 3월, 6월, 9월전국연합학력평가에서는 실시하지 않고, 11월의 마지막 전국연합학력평가에서부터 출제된다.

시험시간은 1학년과 동일하며 1교시는 국어(45문항/ 80분), 2교시는 수학(30문항(단답형 30퍼센트 포함)/ 100분), 3교시는 영어(45문항(듣기 17문항 포함)/ 70분), 4교시는 한국사(20문항/ 30분)와 탐구(20문항/ 30분) 2과목 순서이다. 2학년 3월전국연합학력평가에는 1학년 때 배운 부분이 시험 범위에 포함되는 경우도 빈번하므로 참고한다. 이 시험은 서울특별시교육청 주관으로 실시된다.

시험 종료 후에는 교육청홈페이지에 문제와 정답지가 올라오며, 문제와 정답지는 무료 다운로드가 가능하다.

다음은 2016년 3월전국연합학력평가 출제 범위이다.

시험 범위를 확인하고 미리 준비해두자. 2학년이 되고 처음 실시되는 전국연합학력평가이므로, 겨울방학 동안 공부한 내용을 확인해보는 기분으로 응시하는 편이 좋다.

과목		출제 범위
국어		1학년 전 범위
수학	가형	수학Ⅰ / 수학Ⅱ 전 범위
	나형	수학Ⅰ / 수학Ⅱ 전 범위
영어		1학년 전 범위
한국사		전 범위
사회탐구	생활과윤리	전 범위(3월 수준에 맞춰)
	윤리와사상	전 범위(3월 수준에 맞춰)
	한국지리	전 범위(3월 수준에 맞춰)/ 고1 사회 포함
	세계지리	전 범위(3월 수준에 맞춰)/ 고1 사회 포함
	동아시아사	전 범위(3월 수준에 맞춰)
	세계사	전 범위(3월 수준에 맞춰)
	법과정치	전 범위(3월 수준에 맞춰)/ 고1 사회 포함
	경제	전 범위(3월 수준에 맞춰)/ 고1 사회 포함
	사회문화	전 범위(3월 수준에 맞춰)/ 고1 사회 포함
과학탐구	물리Ⅰ	고1 과학 전 범위
	화학Ⅰ	고1 과학 전 범위
	생명과학Ⅰ	고1 과학 전 범위
	지구과학Ⅰ	고1 과학 전 범위
직업탐구		미실시
제2외국어 및 한문		미실시

6월전국연합학력평가

■ ■ ■

6월전국연합학력평가는 1학년 때와 비슷한 6월 5일 전후에 실시한다.

3월과 달리 6월부터는 배우고 있는 진도에 맞추어 시험 범위가 늘어나므로, 자신의 실력을 보다 명확히 파악할 수가 있다. 그러나 6월전국연합학력평가는 전국 교육청별로 응시하지 않는 지역이 있어 3월보다는 응시자 수가 적은 편이다. 서울 지역의 모든 고등학교는 6월전국연합학력평가에 응시하지 않는다. 6월전국연합학력평가는 부산광역시교육청 주관으로 실시된다.

시험 종료 후에는 교육청홈페이지에 문제와 정답지가 올라온다. 역시 무료 다운로드가 가능하다는 것을 기억해두자.

다음은 2016년 6월전국연합학력평가 출제 범위이다.

시험 범위를 확인하고 미리 공부하는 자세를 습관 들여야 할 시점이다. 만약 6월전국연합학력평가를 응시하지 않는 지역의 학생이라면 다운로드받아서 개별적으로 풀이보는 편이 좋다. 3월전국연합학력평가에 비해 과목별 난이도가 다소 높기 때문에

과목		출제 범위
국어		6월 수준에 맞춰 출제(화법과 작문,독서와 문법, 문학)
수학	가형	수학Ⅱ 전 범위/ (미적분Ⅰ)Ⅱ.함수의 극한과 연속까지
	나형	수학Ⅱ 전 범위/ (미적분Ⅰ)Ⅱ.함수의 극한과 연속까지
영어		6월 수준에 맞춰 출제(영어Ⅰ)
한국사		Ⅱ.고려 귀족사회의 형성과 변천
사회탐구	생활과윤리	Ⅲ.과학기술 · 환경 · 정보윤리
	윤리와사상	Ⅱ.동양과 한국 윤리사상
	한국지리	Ⅲ.기후 환경의 변화 1.우리나라의 기후 특성과 주민생활
	세계지리	Ⅲ.세계 여러 지역의 문화적 다양성 2.종교의 분포와 확산
	동아시아사	Ⅲ.국제 관계의 변화와 지배층의 재편
	세계사	Ⅲ.지역 세계의 재편과 성장
	법과정치	Ⅲ.헌법의 기본 원리
	경제	Ⅲ.시장과 경제 활동 2.시장 균형 가격의 결정과 변동
	사회문화	Ⅲ.문화와 사회
과학탐구	물리Ⅰ	Ⅱ.물질과 전자기장 1.전자기장까지
	화학Ⅰ	Ⅱ.개성 있는 원소
	생명과학Ⅰ	Ⅱ.세포와 생명의 연속성
	지구과학Ⅰ	Ⅱ.생동하는 지구 1.고체 지구의 변화까지
직업탐구		미실시
제2외국어 및 한문		미실시

자신에게 부족한 부분을 점검하는 데 유용하다. 2학년 1학기 중간 점검이라는 생각으로 집중하면서 풀어보자.

9월전국연합학력평가

9월전국연합학력평가는 1학년 때와 비슷하게 9월 5일 전후에 실시한다.

9월전국연합학력평가의 경우, 2학기 첫 전국연합학력평가이니만큼 2학년 중간 점검의 의미가 있는 시험이라고 할 수 있다. 고등학교 2학년 1학기 교과과정을 얼마나 성실하게 공부했는지 평가받는 시간인 것이다. 시험이 끝난 후에는 과목별 분석을 통해 부족한 과목을 어떻게 보완할지 계획을 세워본다. 9월전국연합학력평가는 인천광역시교육청 주관으로 실시된다.

시험 종료 후 교육청홈페이지에 문제와 정답지가 올라온다. 무료 다운로드가 가능하므로 필요하다면 다운로드받아서 확인하는 것도 좋을 것이다.

다음은 2016년 9월전국연합학력평가 출제 범위이다.

과목		출제 범위
국어		9월 수준에 맞춰 출제(화법과 작문,독서와 문법, 문학)
수학	가형	수학II 전 범위/ 미적분I 전 범위
	나형	수학II 전 범위/ (미적분I) III.미분법 2.도함수까지
영어		9월 수준에 맞춰 출제(영어I)
한국사		II.고려 귀족사회의 형성과 변천
사회탐구	생활과윤리	IV.사회윤리와 직업윤리
	윤리와사상	III.서양 윤리사상 4.목적론적 윤리와 의무론적 윤리
	한국지리	V.생산과 소비 공간의 변화 2.농업
	세계지리	IV.변화하는 세계의 인구와 도시 2.인구 이동과 지역 변화
	동아시아사	IV.동아시아 사회의 지속과 변화
	세계사	IV.지역 세계의 통합과 세계적 교역망
	법과정치	IV.개인생활과 법 2.권리의 침해와 구제
	경제	IV.국민경제의 이해 2.국민경제 순환과 경제성장
	사회문화	IV.사회 계층과 불평등
과학탐구	물리I	III.정보와 통신 1.소리와 빛까지
	화학I	III.아름다운 분자세계 2. 화학결합까지
	생명과학I	III.항상성과 건강 2. 항상성과 몸의 조절까지
	지구과학I	III.위기의 지구 1.환경오염까지
직업탐구		미실시
제2외국어 및 한문		미실시

이 범위를 확인하고 각 과목에 맞추어 시험을 충실히 대비해 보자. 여름방학 동안 자신이 공부한 것을 점검한다는 의미도 있다는 점을 다시 한 번 명심하자.

11월전국연합학력평가

11월전국연합학력평가는 1학년 때와 비슷한 11월 25일을 전후에 실시한다.

앞에서도 한 차례 언급을 했지만, 11월전국연합학력평가는 정말 중요한 시험이라고 거듭거듭 강조해도 부족함이 없다. 왜냐하면 2학년에서 실시되는 전국 규모의 마지막 시험이며, 수능 출제 과목 범위도 많이 포함되기 때문이다. 본격적으로 고3 수능성적을 예상해볼 수 있는 첫 시험이라 보아도 무방하다.

아울러 11월전국연합학력평가에서는 처음으로 직업탐구와 제2외국어 및 한문이 실시된다. 물론 해당 과목의 응시자는 적은 편이지민, 인문계열 힉생이라면 제2외국어 및 한문에 응시하는 것도 좋을 터이다.

11월전국연합학력평가는 경기도교육청 주관으로 실시되며, 시험 종료 후 교육청홈페이지에 문제지와 정답지가 올라온다. 문제지와 정답지는 무료 다운로드가 가능하므로, 다운로드받아서 다시 한 번 풀어보며 자신의 상태를 점검해보는 것도 좋은 방법이다. 9월전국연합학력평가와 마찬가지로 시험을 통하여 자신에게 부족한 과목에 대한 보완 계획을 세우는 자세도 필요하다.

다음은 2016년 11월전국연합학력평가 출제 범위이다.

시험 범위를 확인하고 철저히 준비를 해두자. 한 번 더 당부하지만 2학년 때 치른 모든 전국연합학력평가 가운데 가장 의미 있는 시험이라는 점을 잊지 말자. 시험 후에는 반드시 부족한 과목을 보완하고, 3학년으로 올라가기 전에 준비를 마쳐놓아야 한다.

이것만은 기억하자

(1) 2학년의 전국연합학력평가는 자신의 현재 위치를 확인하는 데 아주 중요하며, 결과가 나온 뒤에는 반드시 부족한 과목을 보완해야 한다.
(2) 11월전국연합학력평가의 경우 대학수학능력시험의 실제적 잣대가 되므로 더욱 최선을 다해야 한다. 또한 겨울방학 기간에 반드시 부족한 과목을 점검해둬야 한다.

과목		출제 범위
국어		11월 수준에 맞춰 출제(화법과 작문, 독서와 문법, 문학)
수학	가형	미적분 I 전 범위/ (미적분 II) II.삼각함수까지
	나형	수학 II 전 범위/ (미적분 I) IV.적분법 1.부정적분까지
영어		11월 수준에 맞춰 출제(실용영어회화,영어 I , 영어독해와 작문)
한국사		V.일제 강점과 민족운동의 전개
사회탐구	생활과윤리	V.문화와 윤리
	윤리와사상	IV.사회사상
	한국지리	VII.다양한 우리의 국토
	세계지리	V.경제활동의 세계화
	동아시아사	V.근대 국가 수립의 모색
	세계사	V.서양 국민 국가의 형성과 산업화
	법과정치	V.사회생활과 법
	경제	V.세계 시장과 한국 경제
	사회문화	V.일상생활과 사회제도
과학탐구	물리 I	IV.에너지 1.에너지의 발생까지
	화학 I	IV.닮은꼴 화학반응 1.산화 환원까지
	생명과학 I	IV.자연 속의 인간 1.생태계의 구성과 기능까지
	지구과학 I	IV.다가오는 우주 1.천체 관측까지
직업탐구		전 범위
제2외국어 및 한문	독일어 I	전체 12개 단원일 때 8단원 정도
	프랑스어 I	전체 12개 단원일 때 8단원 정도
	스페인어 I	전체 12개 단원일 때 8단원 정도
	중국어 I	전체 12개 단원일 때 8단원 정도
	일본어 I	전체 10개 단원일 때 7단원 정도
	러시아어 I	전체 12개 단원일 때 8단원 정도
	기초베트남어	미실시
	아랍어	미실시
	한문	전체 10개 단원일 때 7단원 정도

탐구 과목 선택이
대학 입시 당락을 좌우한다

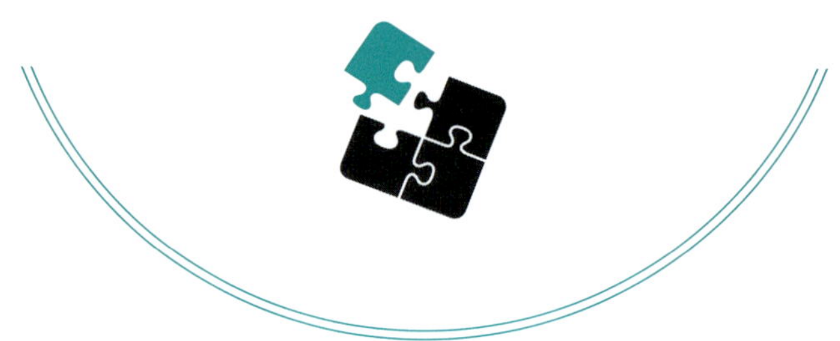

2학년이 기말고사가 끝나고 겨울방학을 맞이하는 시점에 이르면 중요한 결정을 하나 내려야 한다. 바로 탐구 과목 선택이다. 탐구 과목 선택은 대학 입시의 당락을 좌우할 만큼 중요하다. 그 이유를 지금부터 하나씩 차근차근 설명하겠다.

탐구 과목은 대학수학능력시험에서 상당히 중요한 위치를 차지한다. 과목별 난이도와 유형이 각각 다르기 때문이다. 따라서 자신에 잘 맞는 과목을 선택하여 높은 점수를 얻는다면 수능에서 절대적으로 유리해진다. 특히 자연계열은 탐구 과목에 대한 의존도가 절대적으로 높다.

그러나 탐구 과목을 선택하는 데 있어 가장 큰 문제는 2학년 때 탐구 과목 전체를 배우지 않았다는 점이다. 2학년의 경우 일반적으로 인문계열은 9과목 중 평균 3과목 정도를, 자연계열은 8과목 중 평균 4과목 정도를 배운다. 상황이 이러하니 자신에게 맞는 과목을 선택하기가 쉬울 수는 없다. 그럼에도 불구하고 탐구 과목은 미리 결정해두라고 권하고 싶다. 2학년 겨울방학에 미리 정리해두어야 3학년이 되어서도 유리하기 때문이다.

그렇다면 어떤 탐구 과목을 선택하는 것이 좋을까? 물론 자신이 좋아하고 관심이 많은 과목을 선택하는 것도 좋겠지만, 되도록 응시자 수가 많은 과목을 선택하는 편이 좋다. 또 그렇게 하길 권한다. 선택자 수, 곧 응시자 수가 많으면 많을수록 나의 등급도 유리해지기 때문이다.

인문계열 사회탐구를 예로 들어보자. 대학수학능력시험을 치르는 데 가장 많은 선택과복은 생활과 윤리었고, 가장 적은 신택 과목은 경제였다. 생활과 윤리는 169,713명이, 경제는 9,269명이 선택했다. 그리고 1등급을 받은 학생은 4퍼센트였다. 이럴 경우 인원수에서 큰 차이를 보일 수밖에 없다. 만약 실수로 몇 문제를 틀렸다 해도 응시자 수가 많은 생활과 윤리에서는 등급이 크게 떨어지지 않지만, 응시자 수가 적은 경제에서는 등급이 크게 떨어질 것이다.

실제로 2016년 대학수학능력시험에서 응시자 수가 적었던 자연계열의 물리Ⅱ는 유독 고득점자가 많았다. 그러다 보니 1등급 다음이 바로 3등급으로 되어버렸다. 2등급이 없어진 것이다. 이는 탐구 과목의 응시자 수가 그리고 탐구 과목 선택이 얼마나 중요한지 알려주는 실제 사례이다.

다음은 2016년 대학수학능력시험의 탐구영역 과목별 응시자 수이다.

자연계열의 경우에는 탐구Ⅱ 선택을 고민 또 고민해야 한다. 서울대학교 수시모집(일반전형은 예외)과 정시모집에 응시할 경우, 탐구Ⅱ를 최소 1과목 선택하여 Ⅰ+Ⅱ(동일 과목 제외)나 Ⅱ+Ⅱ를 해야만 지원이 가능하기 때문이다. 또 탐구Ⅱ에 대한 가산점을 주는 대학(한양대)이 생겨나 탐구Ⅱ의 중요성이 더욱 높아지고 있다.

과목명		응시자 수(명)
사회탐구	생활과윤리	169,713
	윤리와사상	44,953
	한국지리	99,674
	세계지리	40,509
	동아시아사	33,563
	세계사	22,247
	법과정치	29,943
	경제	9,269
	사회문화	155,922
과학탐구	물리 I	50,060
	화학 I	119,937
	생명과학 I	139,404
	지구과학 I	100,780
	물리 II	4,711
	화학 II	4,933
	생명과학 II	22,799
	지구과학 II	11,168

하지만 문제는 대부분의 고등학교에서 탐구Ⅱ를 3학년 교과 과정에 편성하는 바람에, 학생들이 탐구Ⅱ 공부를 매우 부담스 러워한다는 점이다. 따라서 만약 본인이 탐구Ⅱ를 선택한다면 2 학년 겨울방학에 미리 공부해두는 편이 좋겠다.

이것만은 기억하자

(1) 탐구 과목 선택은 대학 입시에서 아주 중요한 역할을 담당한다. 그러므로 반드시 자신이 잘할 수 있는 과목을 선택하되, 결정이 어려울 경우에는 선택자(응시자)가 많은 과목으로 정하는 것이 등급을 잘 받는 데 조금은 유리하다.
(2) 자연계열의 경우 탐구Ⅱ는 신중하게 선택해야 한다. 서울대 진학을 목표로 하는 학생이 아니라면 선택하지 않는 것도 방법이 될 수 있다.

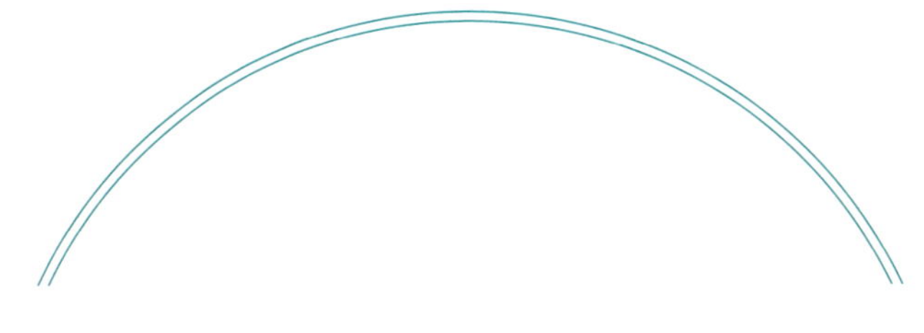

한국사 및
제2외국어 준비

한국사가 2017년 대학수학능력시험부터 필수과목에 포함된다는 것은 비단 입시생뿐 아니라 전 국민이 알고 있는 뉴스이다.

한국사의 경우 시험문제 난이도 자체는 낮은 편이지만, 각 대학별로 일정한 기준을 정하고 있으므로 그에 대한 대비가 필요하다. 일반적으로 인문계열은 3등급 이내, 자연계열은 4등급 이내까지 만점을 주는 편이지만, 모든 대학이 동일한 기준을 제시하는 것은 아니므로 반드시 대학별 요강을 확인해봐야 한다. 한국사를 2학년 때부터 공부하는 것은 조금 이른 감도 있으므로, 겨울방학 때 개념 정리 위주로 준비해두는 것도 좋다.

다음은 서울 소재 주요 대학별 한국사 반영 자료를 정리한 표이다.

제2외국어 및 한문은 인문계열 학생들에게 중요한 의미가 있다. 제2외국어 및 한문은 서울대학교 인문계열의 필수과목이다. 또한 제2외국어 및 한문은 외고를 다니는 학생들에게 유리한 과목이다. 상황이 이러다 보니 '외고에서 배우지 않는 과목을 선택해야 유리해진다'는 인식이 확산되고 있다. 따라서 외고에서 배우지 않는 과목에 대한 선호도 또한 높아지는 추세이다. 어떤 과목을 선택할 것인지는 그만큼 중요하다.

대학명	수시(수능 최저)	정시(만점기준/ 감점)
건국대	없음	5등급(5점)/ 6~7등급 3점, 8등급 2점, 9등급 0점
경희대	5등급	인문: 3등급(등급당 5점) 자연: 4등급(등급당 6점)
고려대	인문: 3등급 자연: 4등급	인문: 3등급/ 8등급까지 등급당 0.2점 자연: 4등급/ 8등급까지 등급당 0.2점
동국대	필수 응시	3등급/ 등급당 1점
서강대	4등급	인문: 3등급(등급당 0.4점) 자연: 4등급(등급당 0.4점)
서울대	필수 응시	3등급/ 등급당 0.4점
서울시립대	필수 응시	3등급/ 등급당 2점
성균관대	4등급	4등급/ 등급당 1점
숙명여대	없음	3등급/ 4~6등급 2점, 7~9등급 1점
연세대	인문: 3등급 자연: 4등급 예체: 5등급	인문: 3등급/ 8등급까지 등급당 0.2점 자연: 4등급/ 8등급까지 등급당 0.2점 예체: 5등급/ 8등급까지 등급당 0.2점
이화여대	필수 응시	인문: 3등급/ 8등급까지 등급당 0.2점 자연: 4등급/ 8등급까지 등급당 0.2점
중앙대	4등급	4등급/ 일정 점수 폭
한국외대	인문: 4등급 자연: 필수 응시	인문: 3등급/ 8등급까지 등급당 0.2점 자연: 필수 응시
한양대	없음	인문: 3등급/ 등급당 0.1점 자연: 4등급/ 등급당 0.1점 예체: 8등급/ 등급당 0.1점
홍익대	4등급	3등급/ 등급당 0.05점

과목명	응시자 수(명)	과목명	응시자 수(명)
독일어 I	1,158	프랑스어 I	1,212
스페인어 I	1,209	중국어 I	2,726
일본어 I	3,352	러시아어 I	518
아랍어 I	10,393	기초베트남어	5,929
한문 I	2,332		

이 표는 2016년 대학수학능력시험 제2외국어 및 한문 과목별 응시자 수를 나타낸 것이다.

표를 자세히 보자. 응시자가 특정 과목에 몰려 있는 것을 확인할 수 있다. 특히 9가지 언어 가운데 아랍어와 기초베트남어의 응시자 수가 많은데, 그 이유는 다음과 같다. 아랍어는 '국내에서 배우는 고등학교가 없다'고 널리 알려져 있다. 그러다 보니 '점수를 따기 쉽다'는 인식이 강하여 많은 학생이 선택하는 것이다.

제2외국어 및 한문의 경우에는 일부 대학에서 탐구 과목을 대체 가능하도록 하기 때문에 또 다른 기회가 될 수 있다. 따라서 2학년 때부터 제2외국어 및 한문 과목에 대한 준비를 미리 한다면 실제 입시에서 더욱 유리해지리라 생각된다.

Part

4

고등학교 3학년:
대학 진학

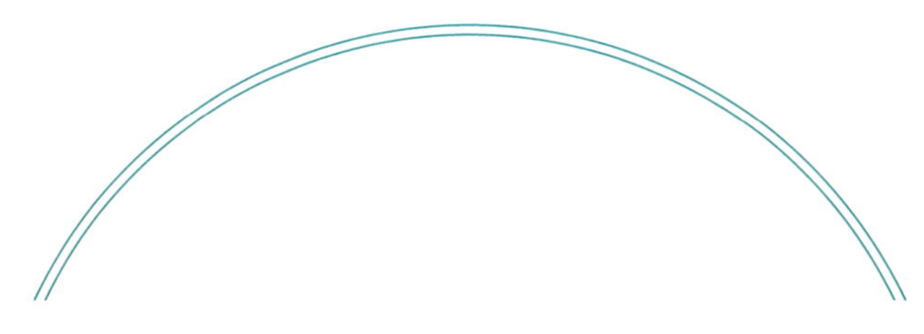

고3 1년은
이렇게 준비해야 한다

　2018년 대학 입시를 준비하는 고3 학생이라면 2017년 입시와 비교하여 무엇이 달라졌는지 알고 있어야 한다. 이번 입시에서 달라지는 것을 하나씩 분석해보고, 그에 대한 대비를 해보자.

　이때 무엇보다 중요한 것은 아무리 입시가 달라진다 하더라도 큰 틀은 변하지 않으므로, 준비만 충분한 한다면 좋은 결과를 얻을 수 있다는 점이다. 지금부터 무엇이 달라졌는지 키워드 중심으로 주요 내용을 살펴보자.

대학 입시 중점사항

▶ 수시모집인원수의 증가

2018년 입시의 가장 큰 변화 중 하나는 수시모집 선발인원의 증가이다. 대부분의 대학에서 수시모집 인원을 대폭 늘렸는데, 지난 2017년을 기준으로 평균을 내어보자면 거의 80퍼센트에 육박하는 수치라고 한다.

따라서 수시모집에서는 자신에게 조금이라도 유리한 전형으로 지원하는, 그리고 정시모집까지 내다볼 수 있는 지혜가 필요하다. 그러기 위해서는 각 대학의 다양한 전형을 꼼꼼하게 살펴보고, 자신에게 걸맞은 지원을 찾도록 계획을 세워야 한다. 학생부교과, 학생부종합, 일반전형 등 각 수시모집전형을 꼼꼼히 분석하고 지원하자.

학생부종합전형은 인원수가 가장 많이 증가한 전형이다. 대부분의 학생부종합전형은 1단계에서는 서류 100퍼센트로, 2단계에서는 면접으로 학생을 선발한다. 비교과영역의 활동이 특히 중요한 전형인 셈이다.

관건은 학생부교과의 반영 여부이다. 과연 학생부교과를 반영하지 않고 학생이 작성하여 제출한 서류만으로 선발할런지는 정확하게 알 수 없다. 결정은 대학 당국의 고유 권한이므로 합격 여부를 예측하기도 어려울 수밖에 없다. 하지만 이것 하나만큼은 명확하다. 어느 대학이든 각각 요구하는 인재상이 있다. 그리고 대학에서는 '그 인재상에 걸맞은 학생이라면 학생부가 조금은 좋지 못하더라고 합격할 수 있다'고 이야기한다.

자, 여기서 다시 한 번 생각해보자.

이토록 짧은 시간 안에 학생들을 선발해야만 하는데, 이때 객관적인 지표로 사용할 수 있는 자료는 과연 무엇일까?

우리가 알고 있어야 할 점이 바로 이것이다. 이 '객관적인 자료’가 학생부교과를 빼면 과연 무엇이 있을까 하는 점이다.

▶ 일반전형(논술) 및 적성고사전형의 축소

2017년 입시를 기준으로 비교해볼 때, 일반전형(논술)과 적성고사전형 비율은 점차 축소되는 추세이다. 가장 큰 이유는 선발인원은 변동이 없는데 학생부종합전형이 확대되었기 때문이라고 할 수 있다. 학생부종합전형의 확대만큼 일반전형 인원이 줄어든 셈이다.

여기에 변수가 하나 있다. 일반전형(논술)의 경우에는 수능 최저학력기준이 있으며, 이 수능 최저학력기준이 작년에 비해 강화된 대학이 많다는 점이다. 이는 영어절대평가제가 도입되면서, 국어·수학·탐구를 중심으로 수능 최저학력기준을 정하다 보니 전년도보다 강화된 곳이 많아진 것이라고 생각된다. 따라서 일반전형(논술)으로 지원하는 학생들은 대학수학능력시험의 중요성이 커졌다는 것을 재차 명심해야 한다.

▶ 영어절대평가제 도입

교육부가 영어 사교육비 절감 차원에서 도입한 영어절대평가제가 처음으로 시작된다. 이로써 영어 과목은 장점과 단점이 동시에 생기게 되었다.

장점으로는 1등급이 90점, 2등급이 80점으로 정해졌다는 것이다. 1등급이나 2등급을 받는 학생이 상대적으로 증가하여 영어 점수에 대한 부담이 다소 줄어들게 되었다. 그러나 단점은 정시모집에서 영어를 반영하는 대학이 줄어들었으며, 1등급을 만점으로 하고 2등급부터 점수를 감점하는 식으로 변경된 곳이 많다는 것이다. 각 대학마다 감점 차이가 각기 다르므로 최저 2등급 이상은 받아야 안전하다.

아울러 다른 과목에 대한 반영비율이 상대적으로 증가했다는 점도 간과할 수 없다. 만약 시험에서 실수하여 등급이 낮아진다면 정시모집에서 문제로 작용할 수도 있다.

다음은 영어절대평가 등급을 정리한 표이다.

등급	1	2	3	4	5	6	7	8	9
분할기준 (원점수)	100 ~90	89 ~80	79 ~70	69 ~60	59 ~50	49 ~40	39 ~30	29 ~20	19 ~0

한국사는 2017년에 기준이 결정되었고, 2018년에도 거의 달라진 것이 없다고 할 수 있다. 그러나 대학에 가려면 반드시 응시해야 하는 과목이므로 소홀히 할 수 없다는 점에는 변함이 없다. 대부분의 대학이 인문계열은 3등급, 자연계열은 4등급을 만점으로 하고, 그다음 등급부터는 감점을 하고 있다. 보통 3등급은 50점 만점에 30점이고 4등급은 25점이므로, 조금만 노력한다면 충분히 도달할 수 있는 점수라고 생각한다. 중요한 것은 최저 등급 이상을 받도록 공부해둬야 한다는 점이다.

다음은 한국사 등급을 정리한 표이다.

등급	1	2	3	4	5	6	7	8	9
분할기준 (원점수)	50 ~ 40	39 ~ 35	34 ~ 30	29 ~ 25	24 ~ 20	19 ~ 15	14 ~ 10	9 ~ 5	4 ~ 0

▶ 수시모집에서 수능 최저학력기준에 탐구 1과목 반영 대학 증가

2017년의 경우에는 탐구 과목에서 2과목 평균을 반영하는 대학이 대부분이었다. 그러나 2018년부터는 영어가 절대평가제로

변경되면서, 국어 · 수학 · 탐구를 중심으로 수능 최저학력기준을 정하는 대학이 늘어나게 되었다.

이 덕분에 탐구 과목의 중요성이 다시금 강조되는 경향을 보이고 있으며, 전체는 아니지만 일부 대학의 경우에는 탐구 1과목을 수능 최저학력기준 포함시키는 곳도 등장하게 되었다. 다시 말해 탐구 2과목 중에서 성적이 좋은 1과목만 반영한다는 뜻이다. 따라서 탐구 2과목 중에서 1과목을 중점적으로 공부하여 1등급을 받는 것이 수능 최저학력기준을 맞추는 데 유리할 수 있다는 점을 기억해둬야 한다.

▶ 정시모집에서 영어 반영 축소 및 감점 여부로 변경

영어절대평가제 이후 주요 대학에서 정시모집 요강을 발표하였다. 그 내용을 살펴보면 다음과 같다. 2017년의 정시모집에 영어 과목이 반영될 때, 인문계열은 평균 30퍼센트, 자연계열은 20퍼센트였다. 그러나 2018년에는 영어 반영이 축소되어 10~15퍼센트 정도에 머무르거나 1등급을 만점으로 하며, 2등급부터는 차례로 감점 주는 방법을 시행한다.

따라서 영어가 약했던 학생들에게는 긍정적인 뉴스라 할 수 있다. 왜냐하면 영어 과목에 대한 부담감이 소폭이나마 감소하였기 때문이다. 그러나 영어 성적이 좋았던 학생들에게는 정시 지원에서 불리하게 작용할 수도 있다는 문제가 발생하게 되었다.

수시·정시모집 일정

▶ 수시모집 일정

2018년도 수시모집은 대부분 2017년 9월 11일(월)부터 9월 15일(금)까지 원서접수를 받는다. 지금부터 수시모집 주요 일정을 살펴보자.

㉠ 원서접수기간: 2017년 9월 11일(월)~2017년 9월 15일(금) 중 3일 이상

㉡ 전형기간: 2017년 9월 11일(월)~12월 13일(수)

ⓒ 합격자 발표: 2017년 12월 15일(금)까지

ⓔ 합격자 등록기간: 2017년 12월 18일(월)~12월 21일(목)

4일간

ⓜ 미등록 충원 합격 통보 마감: 2017년 12월 27일(수) 21시

까지

ⓗ 미등록 충원 등록 마감: 2017년 12월 28일(목)

▶ 정시모집 일정

2018년 정시모집은 대부분 2017년 12월 30일(토)부터 2018년 1월 2일(화)까지 원서접수를 받는다. 지금부터 정시모집 주요 일정을 살펴보자.

ⓖ 원서접수기간: 2017년 12월 30일(토)~2018년 1월 2일(화)

중 3일 이상

ⓛ 전형기간

• 가군: 2018년 1월 3일(수)~1월 11일(목) 9일간

• 나군: 2018년 1월 12일(금)~1월 20일(토) 9일간

• 다군: 2018년 1월 21일(일)~1월 29일(월) 9일간

ⓒ 합격자 발표: 2018년 1월 30일(화)까지

ⓔ 등록기간: 2018년 1월 31일(수)~2월 2일(금) 3일간

ⓜ 미등록 충원 합격 통보 마감: 2018년 2월 13일(화) 21시

까지

ⓗ 미등록 충원 등록 마감: 2018년 2월 14일(수)

ⓢ 추가모집

• 원서접수 및 전형: 2018년 2월 18일(일)~2월 25일(일)

21시까지

• 추가모집 등록기간: 2018년 2월 26일(월)까지

이것만은 기억하자

⑴ 대학 입시에서 새롭게 바뀐 2가지를 반드시 기억하자. 학생부종합전형 모집인원의 증가와 영어절대평가제의 도입이다.
⑵ 수시모집과 정시모집 일정을 미리 파악하고, 원서모집 기간과 합격자 발표, 등록기간 등을 잘 숙지해두자.

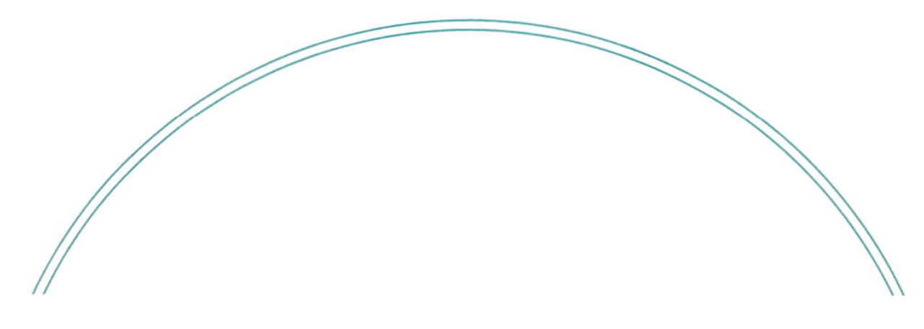

학기별 준비사항:
이것만은 꼭 알고 준비하라

1학기(3~8월) 가이드

▶ 3월: 자신의 위치를 확인한다

- 3학년 첫 전국연합학력평가

3학년의 첫 시험이니만큼, 평소 공부를 해둔 학생이라면 이 시험에 대한 기대감이 남다를 것이다. 2학년 겨울방학과 봄방학 기간 동안 열심히 한 결과를 확인하고 싶기 때문이다. 그러나 여기서 먼저 당부해두고 싶은 것이 하나 있다. 생각만큼 성적이 잘 나오지 않을 수도 있으며, 성적이 잘 나왔다 하더라도 결코 자만해서는 안 된다는 점이다.

3월전국연합학력평가는 서울시교육청에서 주관하여 실시하는 시험에 불과하다. 이를 실제 수능과 동일시해서는 안 된다. 시험이 끝나면 반드시 시험을 분석하고, 자신의 위치를 파악하며, 부족한 부분을 채우기 위해 노력해야 한다. 이제 막 첫 시험 하나를 치렀을 뿐이다. 시험을 망쳤다고 슬퍼하기에도 실망하기에도 아직 이르다.

• 전국연합학력평가 성적표 성적 분석하기

전국연합학력평가 성적표를 받으면 그냥 지나칠 것이 아니라 차분하게 분석해보자. 전국연합학력평가 성적표에는 다양한 내용이 기재되어 있다. 성적의 경우 원점수, 표준점수, 백분위, 등급 등이 모두 기재되어 있으며, 각 영역별 배점 및 득점 및 문항별 정답률과 정오표도 기재되어 있다.

　이러한 자료를 꼼꼼하게 확인하고, 자신에 대한 분석을 해보자. 그런 다음 나는 무엇이 부족한지를 정리하여 보완한다면, 앞으로 있을 전국연합학력평가와 수능에 더욱 효과적으로 대비할 수 있을 것이다.

　다음은 전국연합학력평가 성적표의 샘플이다. 각각의 번호가 무엇을 의미하는지 잘 살펴보자.

① 영역별 응시 유형 및 선택과목과 원점수 표준점수, 백분위, 등급 성적 표시부

② 응시자 수와 해당등급 전국 인원수(해당등급 전국 인원 비율(퍼센트)) 표시부

③ 국어, 수학, 영어 영역별 배점 및 득점 그리고 전국평균 표시부

④ 보충학습이 필요한 문항번호 표시부

⑤ 영역별 조합에 따른 전국 백분이 표시부

⑥ 영역별 정오표와 정답률 표시부

<table>
<tr><td colspan="2" rowspan="2">2016학년도 3월 고3 전국연합학력평가
성 적 통 지 표 (학 생 용)</td><td>시 · 도</td><td>학 교</td></tr>
<tr><td>서울</td><td></td></tr>
</table>

①

영 역		원점수		표준점수		표준점수에 의한 석차/백분위		
		배점	득점	범위	득점	학급석차	학교석차	전국백분위
국 어		100	89	0~200	130	4/33	29/221	94.71
수 학	가형	100	88	0~200	136	4/32	18/138	94.95
영 어		100	91	0~200	127	10/32	75/219	87.90
한 국 사		50	34			원점수에 의한 등급		
과학탐구	물리I	50	45	0~100	70	1/3	6/58	95.71
	화학I	50	47	0~100	74	2/29	2/83	98.18

③

국 어				수 학				영 어	
영 역	배 점	득 점	전국평균	영 역	배 점	득 점	전국평균	영 역	배 점
화법	11	11	9.01	계 산	12	12	8.72	듣 기	25
작문	11	11	8.63	이 해	38	34	15.98	말 하 기	12
문법	11	6	5.36	추 론	16	8	4.06	읽 기	42
독 서	33	31	17.95	문제해결	34	34	15.23	쓰 기	21
문 학	34	30	18.46						

⑥

영역\문항		1	2	3	4	5	6	7	8	9	10	11	12	13	14	15	16	17	18	19
국 어	답안	5	5	4	3	2	4	4	2	3	5	4	1	5	3	1	3	2	3	3
	정답	5	5	4	3	2	4	4	2	3	5	3	*	5	4	1	3	2	3	3
	채점결과	O	O	O	O	O	O	O	O	O	O	X	O	O	X	O	O	O	O	O
	정답률	A	B	B	A	A	A	C	B	A	A	E	*	A	B	D	A	C	C	D
수 학 (가형)	답안	2	3	1	5	3	3	5	2	1	2	1	5	4	1	4	3	2	5	3
	정답	2	3	1	5	3	3	5	2	1	2	1	5	4	1	4	3	2	5	3
	채점결과	O	O	O	O	O	O	O	O	O	O	O	O	O	O	O	O	O	O	O
	정답률	A	B	B	B	B	C	C	C	C	D	C	C	C	C	B	D	C	D	C
영 어	답안	3	5	2	2	1	5	3	5	3	5	3	4	1	5	2	4	2	5	5
	정답	3	1	2	2	1	5	3	5	3	5	3	4	1	4	2	4	2	5	5
	채점결과	O	X	O	O	O	O	O	O	O	O	O	O	O	X	O	O	O	O	O
	정답률	B	C	B	B	A	A	C	B	B	B	C	B	B	C	C	B	A	C	B
한국사	답안	1	1	4	1	3	5	2	4	5	5	4	3	2	5	3	3	1	4	3
	정답	1	1	4	1	3	5	2	3	5	5	4	3	4	5	4	4	2	2	3
	채점결과	O	O	O	O	O	O	O	X	O	O	O	O	X	O	X	X	X	X	O
	정답률	A	B	B	C	B	D	C	C	D	C	D	B	C	D	E	D	D	C	B
과학탐구	과목명	물리I																		
	답안	2	2	4	4	4	4	1	3	3	2	1	5	3	1	1	3	5	4	2
	정답	2	2	4	4	5	4	1	3	3	2	1	5	5	1	1	3	5	4	2
	채점결과	O	O	O	O	X	O	O	O	O	O	O	O	X	O	O	O	O	O	O
	정답률	B	D	C	D	C	D	C	C	D	C	C	B	D	D	D	C	D	D	D

※국어 12번 문항 정답은 ①, ③ 복수 정답임   ※답안(7/B:무표기, 8/D:중복표기), 채점결과(O:정답, X:오답), 정답률

2016-03-25   10:25:59

학 교 번 호	학년	반	번호	성　명	성별	실 시 일
	3				남	2016.03.10

해당등급 전국 인원수[해당등급 전국 인원 비율(%)]

수	1등급	2등급	3등급	4등급	5등급	6등급	7등급	8등급	9등급
…96	22859 (4.87)	31033 (6.61)	56135 (11.96)	82856 (17.66)	93288 (19.88)	78364 (16.70)	53544 (11.41)	34848 (7.43)	16369 (3.49)
…56	9133 (4.62)	12912 (6.53)	23690 (11.98)	35836 (18.12)	39820 (20.14)	31064 (15.71)	23867 (12.07)	14549 (7.36)	6885 (3.48)
…72	27137 (5.79)	26917 (5.74)	55967 (11.94)	86620 (18.47)	87814 (18.73)	79745 (17.01)	54604 (11.65)	33501 (7.15)	16567 (3.53)
…31	49613 (10.59)	48022 (10.25)	63440 (13.54)	75669 (16.15)	80520 (17.19)	72434 (15.46)	50935 (10.87)	25511 (5.44)	2387 (0.51)
…71	2864 (5.09)	3340 (5.94)	7841 (13.93)	10411 (18.50)	10227 (18.17)	9728 (17.29)	7442 (13.23)	2448 (4.35)	1970 (3.50)
…46	5745 (4.65)	8716 (7.05)	14295 (11.56)	20750 (16.78)	27544 (22.28)	23137 (18.71)	11096 (8.97)	8580 (6.94)	3783 (3.06)

④ 보충학습이 필요한 문항 번호

과목	문항 번호	오류코드 (뒷면참조)
국　어	14,38,25,43,11	–
수　학	29,28,27	–
영　어	14,2,37,36	–
한국사	13,8,18,17,16	–
물리I	5,13	–
화학I	13	–

⑤ 기타 참고 자료

영 역 \ 산출방법	백분위	인원수
수＋영	94.19	197542
국＋수＋영	95.33	197422
수＋영＋과	97.23	195386
국＋수＋영＋과	97.33	195286
과학탐구(2) 과목	98.33	204413

답안 (객관식 문항 24~45)

24	25	26	27	28	29	30	31	32	33	34	35	36	37	38	39	40	41	42	43	44	45
4	5	2	1	2	3	5	2	3	4	3	1	4	1	5	5	4	1	3	2	5	4
4	2	2	1	2	3	5	2	3	4	3	1	4	1	3	5	4	1	3	4	5	4
O	X	O	O	O	O	O	O	O	O	O	X	O	O	X	O	O	O	O	X	O	O
B	D	D	B	D	C	A	A	C	C	B	C	C	B	C	B	C	C	B	D	C	C

답안 (단답형 문항 22~30)

22	23	24	25	26	27	28	29	30
340	B32	127	100	B20	B46	101	125	B25
340	B32	127	100	B20	B49	B51	B64	B25
O	O	O	O	O	X	X	X	O
A	C	E	B	E	E	E	E	D

물리I (좌측 문항번호 잘림)

4	4	3	3	2	5	5	1	3	1	2	3	1	5	2	4	2	1	1	5	4	4
4	4	3	3	2	5	5	1	3	1	2	3	5	4	2	4	2	1	1	5	4	4
O	O	O	O	O	O	O	O	O	O	O	O	X	X	O	O	O	O	O	O	O	O
B	B	A	B	C	D	B	D	C	D	C	C	D	D	D	C	C	C	D	C	B	C

화학I (좌측 문항번호 잘림)

3	5	4	1	4	5	3	5	1	3	5	3	2	3	5	1	4
3	5	4	1	4	5	3	5	1	4	5	3	2	3	5	1	4
O	O	O	O	O	O	O	O	O	X	O	O	O	O	O	O	O
A	C	C	D	D	D	B	C	D	D	C	C	C	C	D	E	D

이상 80%미만, C:40%이상 60%미만, D:20%이상 40%미만, E:20%미만)

총 33명 중 33번째

이 성적표는 자신에게 부족한 것이 무엇인지 가르쳐줄뿐더러 대비할 수 있게 도와주는 역할을 맡는다.

솔직히 전국연합학력평가 성적표를 펼치면 가장 먼저 성적이 눈에 들어올 것이다. 그러나 조금은 이성적으로 성적표를 분석해야 할 필요가 있다.

우선 자신의 등급이 희망 대학의 수시 최저학력기준을 충족하는지 확인해보자. 이때 성적이 기준을 충족시켰다 하더라도, 만약 가까스로 겨우 충족한 것이라면 백분위까지 활용하여 면밀하게 분석을 해보자. 마지막으로 수능 4개 영역의 백분위성적을 합산해 정시에서 지원 가능한 대학의 범위까지 파악해보자. 이때 지표가 되는 것은 표준점수가 아니라 백분위점수이다. 시험에 따라 달라지는 표준점수가 아닌 백분위성적을 비교해야만 자신의 성적이 어떻게 변화하고 있는지를 정확하게 파악할 수 있다.

• 오답노트 작성하기

전국연합학력평가 성적 분석을 통해 자신의 위치를 확인하는 것도 중요하지만, 더욱 중요한 것은 바로 오답노트이다.

오답노트는 내가 시험에서 무엇을 틀렸는지 다시 한 번 점검하게 해주므로 수험생이라면 반드시 만들어야 한다. 오답노트 작성은 굉장히 귀찮은 일이 될 수도 있다. 과목별로 작성하는 경우라면 더더욱 귀찮아질 것이다. 난이도에 따라 몇 시간씩 걸릴 수도 있기 때문이다. 그러다 보니 때로는 틀린 문제만 작성하면 된다고 생각하는 학생도 발생한다.

그러나 여기서 말하는 오답노트란 맞은 문제와 틀린 문제를 모두 포함한 개념이다. '내가 모르는 모든 문제를 기입한 노트'라고 생각하는 편이 좋겠다. 특히 맞은 문제 중에는 찍어서 맞은 경우도 비일비재하므로, 이 역시 모르는 문제에 포함시켜야 한다. 아울러 틀린 문제의 경우에는 잘못된 보기 수정 외에도 틀린 이유와 관련 개념 그리고 앞으로 주의할 점 등을 모두 적어야만 다음 시험을 확실하게 대비할 수 있다.

한 상위권 학생의 경우를 예로 들어보겠다. 이 학생은 오답노트에 완벽하게 이해하여 맞은 문제를 제외한 모든 문제를 기입하였다. 당연히 맞은 문제라고 해도 헷갈리거나 이해가 부족했다면 그런 문제도 모두 오답노트에 작성하였다. 그렇기 때문에 처음에는 오답노트를 만드는 데 오랜 시간이 걸렸다. 그러나 6번의 모의고사를 치르면서 점점 시간도 단축되었고, 점점 요령도 생겨서 적은 시간으로 작성이 가능해졌다.

교사로서 확신하건데 이렇게 만든 오답노트는 분명 수능에서 큰 도움이 된다. 제대로 된 오답노트를 만드는 것이 얼마나 중요한지를 기억해두자.

▶ 4월: 두 마리 토끼를 모두 준비한다

• 전국연합학력평가와 중간고사 함께 공부

4월에는 초순경(10일)에 전국연합학력평가가, 말경(25일)에는 중간고사가 실시된다. 2마리 토끼를 동시에 잡는 것은 솔직히 어렵다. 그러므로 이때의 우선순위를 정해보겠다.

전국연합학력평가는 평소 공부하던 대로 시험 보는 것이 좋다. 별도로 공부하는 것은 권하지 않는다. 단, 4월전국연합학력평가 성적이 3월전국연합학력평가 성적보다 낮을 경우, 심리적으로 불안해져 중간고사에 소홀해질 가능성이 있으므로 이 점에 유의한다.

4월 모의고사는 기출문제 풀이를 통해 준비하는 것도 하나의 방법이다. 전국연합학력평가가 끝나면 바로 중간고사 공부를 해야 하며, 이때 전국연합학력평가에 대한 기억은 잠시 접어두는 편이 좋다. 시험이 끝난 후에는 4월전국연합학력평가의 오답노트 작성도 잊지 말자.

• 중간고사 준비 철저

1학기 중간고사는 어떻게든 잘 치러야 한다. 가장 큰 이유는 다름 아닌 수시모집전형이다. 수시모집전형에는 학생부가 반드시 포함되기 때문에, 어떻게든 성적을 올려야만 조금이라도 대학 입시에서 유리해진다. 수시모집전형에서 학생부가 반영되는 전형으로는 학생부교과, 학생부종합, 논술전형 등이 있다.

이 가운데 학생부교과성적을 정량적으로 평가하는 전형은 바로 학생부교과이다. 따라서 학생부교과성적이 매우 중요한 변수로 작용한다. 또 학생부교과성적을 정성적으로 평가하는 학생부종합전형일지라도 학생부교과성적은 그 학생을 평가하는 가장 중요한 요소 중 하나라는 사실에는 변함이 없다.

논술전형과 정시전형은 학생부교과성적의 영향력이 적은 편이다. 하지만 2가지 전형 모두 학생부교과성적이 5~6등급 이하일 경우 불리하게 작용하므로 늘 유의해야 한다. 또한 지원자들의 수능 점수가 비슷할 경우에는 실질반영률이 낮은 학생부교과

성적이 합격 유무를 결정하는 대학도 존재한다. 수시모집과 정시모집에서 좋은 결과를 얻고 싶다면 3학년 1학기 학생부에서 최대한 좋은 성적을 받도록 노력하자.

▶ 5월: 집중력을 높이자

• 각종 기념일과 학교행사가 많은 달

5월이 중요한 이유는 고3이 되고 처음으로 찾아오는 위기의 달이기 때문이다. 5월에는 어버이날, 스승의 날 등 각종 기념일이 몰려 있어 집중력이 떨어지기 쉽다. 게다가 대부분의 고등학교에서 집중적으로 학교행사를 진행하므로 공부를 방해하는 요소가 늘어난다. 그리고 전국연합학력평가가 없는 달이기도 하다. 6월전국연합학력평가에서 고3 학생들의 성적이 떨어지는 이유 가운데 하나가 바로 5월이라는 분석도 많을 정도이니, 위기의 5월을 잘 넘기는 것이 무엇보다 중요하다.

그렇다면 5월에는 어떻게 공부해야 할까? 우선 전국연합학력평가에서 성적이 가장 잘 나오는 과목을 다지는 데 시간을 투자해야 한다. 집중력이 떨어진 상태에서는 자신에게 부족한 공부를 해도 시간만큼 효과를 보기 어렵다. 반면 자신 있는 과목이라면 비교적 즐겁게 공부할 수 있으므로 학습 효과가 증대되게 마련이다. 또 국·영·수보다는 탐구 과목에 집중하는 것도 좋은 방법이다. 탐구 과목은 대부분 암기 위주이기 때문에 외우면서 공부하면 되므로, 국·영·수 과목에 비해 상대적으로 성적 향상이 쉬운 편이다. 부담 없는 과목을 공략하여 집중력과 자신감을 키우는 것도 5월을 현명하게 넘기는 공부법이 될 수 있다.

• 수시모집에 대한 방향을 찾기

3학년이 되어 치른 2번의 전국연합학력평가와 1학기 중간고사를 토대로 자신이 생각하는 수시모집의 방향을 찾아보는 것도 좋다. 어떠한 전형을 준비해야 하는지 담임선생님이나 교과 선생님과 충분히 상담하여 진로를 잡아보자.

학생부성적이 좋은 학생이라면 학생부교과전형이나 학생부종합전형을 준비해야 하며, 이를 위해서 학생부교과 및 비교과성적을 확인해두는 편이 좋다. 시간적 여유가 있다면 5월 안에 자기소개서 작성을 어느 정도 완성해놓는 것도 추천한다. 나중에 수시모집에 임박해서 시간을 낭비하지 않도록 예방할 수 있는 방법이다.

반면 학생부보다는 전국연합학력평가 성적이 더 좋은 학생이라면 수능 및 논술 공부를 통해 수시논술전형과 정시전형을 중심으로 준비한다. 그러나 학생부교과성적이 5~6등급 이하인 학생은 논술전형에서도 좋은 결과를 얻기 어려울 수 있으므로, 차라리 정시전형 중심으로 준비하는 편이 좋을 것이다.

• 희망 대학에 대한 정보 수집

5월과 같이 시험에 대한 부담이 조금은 없는 달에는 자신이 희망하는 대학의 모집요강을 꼼꼼하게 살펴보는 것도 좋다. 일부 학생의 경우, 수시모집을 지원하면서도 정작 지원 대학의 입학전형을 잘 모를 때가 종종 있다. 참으로 위험하다.

대학은 학생 당사자가 가는 것이지, 선생님이나 부모님이 가는 것은 아니다. 희망 대학의 입학전형 정보를 수집하고 분석하여 자신에게 유리한 전형이 있는지 살펴보는 것도 실로 중요하다. 대학입학에 대한 전형은 각 대학입학처홈페이지에 있으므로 직접 확인하자.

▶ 6월: 자신의 정확한 위치 확인

• 평가원 전국연합학력평가

6월전국연합학력평가는 앞서 있었던 전국연합학력평가와는 많이 다르다. 3월과 4월은 시도교육청에서 주관하는 데 반해, 6월은 수능출제기관인 한국교육과정평가원에서 주관하기 때문이다. 그러다 보니 각 과목별 난이도가 이전과는 상당히 다를 때가 많다.

6월전국연합학력평가에는 재수생도 대거 응시하므로 자신의 진짜 위치를 확인할 수 있는 지표가 된다. 특히 재수생의 경우 상위권 학생의 비율이 고3 학생보다 높기 때문에, 재수생의 참여만으로도 재학생의 성적이 떨어지는 경향이 나타난다. 하지만 6월전국연합학력평가만으로 수능성적을 판단하는 것은 무리이다.

6월전국연합학력평가에서 좋은 결과가 나오지 않았다고 해도 낙심하지 말자. 차분한 분석을 통하여 이유를 찾는 것이 우선이다. 그리고 오답노트를 만들어 분석하고, 성적표가 나오면 자신의 위치를 확인해보자.

• 탐구 과목 선택 및 개념 정리 완성

최소한 6월까지는 자신이 선택한 수능 탐구 과목의 개념 정리가 어느 정도 마무리되어 있어야 한다. 만약 개념 정리가 마무리되었다면 6월전국연합학력평가에서 최소 30점은 넘어야 한다. 그 정도 성적이 나오지 않았다면 제대로 분석해서 미흡한 부분을 보완해야 한다.

일부 학생들은 6월전국연합학력평가를 보고 탐구 과목을 바꾸기도 하는데, 정말 추천할 수 없는 결정이다. 다시 한 번 냉정하게 판단해보고, 다시 한 번 과목 바꾸는 것을 고려해보길 권한다. 간혹 여름방학에 탐구 과목 공부를 해도 늦지 않다고 생각하는 학생도 있다. 뒤늦게 공부를 시작하면 결코 자신이 원하는 수준의 성적을 받을 수 없다는 사실을 알아야 한다.

▶ 7월: 현재 위치를 파악한다

• 기말고사 준비를 철저

3학년 때 치르는 시험은 무엇 하나 중요하지 않은 시험이 없다. 7월의 1학기 기말고사 역시 마찬가지이다. 특히 학생부가 포함되는 수시모집 전형이라면 조금이라도 더 좋은 교과성적을 받도록 끝까지 최선을 다해야만 한다. 이때 고려해야 할 사항이 하나 있다. 과목별로 중점적인 관리를 해야 하는 경우이다. 중간고사에서 이미 일정 수준 성적이 결정된 과목이 있으므로, 등급 유지가 용이한 과목보다는 등급을 높일 수 있는 과목에 더 많은 시간을 투자해야 한다. 그래야만 학생부성적이 조금이라도 더 올라갈 수 있다.

• 7월전국연합학력평가

7월전국연합학력평가는 대개 기말고사가 끝난 뒤에 치른다. 학교 시험공부를 하느라 조금은 지친 상태에서 시험을 치르다 보니 7월전국연합학력평가를 대충 보는 경우가 생기기도 한다. 하지만 이 시험을 제대로 치르지 않는다면 자신의 위치를 냉정하게 판단하기 어려워지는 것은 당연하다. 따라서 긴장을 놓지 말고 최선을 다하여 시험을 보고, 이전까지의 전국연합학력평가와 마찬가지로 오답노트를 작성하여 문제점을 분석해야 한다.

• 여름방학 계획 세우기

여름방학이 시작되면 수시모집에서 필요한 최종 학생부성적

자료를 확인할 수가 있다. 또 1학기에 치른 4차례의 전국연합학력평가를 통하여 정시모집에서 필요한 자신의 위치를 파악할 수도 있다.

여름방학이 되면 이 같은 정보를 중심으로 자신만의 대학 입시 지원 계획을 세워보자. 이때 유의할 것은 수시모집을 중심으로 계획해야 한다는 점이다.

학생부성적 자료는 이미 완성된 상태이지만, 수능과 논술 및 자기소개서와 같은 대학 입시전형요소는 여전히 미완성일 가능성이 높다. 이러한 전형요소를 어떻게 준비할지 깐깐한 계획을 세워 알찬 방학을 보내자. 아울러 충분히 공부할 수 있는 시간이 마지막으로 확보되는 시간이라는 사실을 잊지 말고, 과목별로 공부 계획을 세워 충실히 실행하자.

▶ 8월: 2학기를 대비하는 시기

• 철저한 자기관리가 필수

여름방학은 5월에 이은 두 번째 위기이다. 그동안 열심히 노력해온 학생들도 폭염, 고온다습한 환경 등의 계절적인 영향으로 인해 학습 효율성이 떨어지기 십상이다. 철저한 자기관리를 통해 슬럼프에 빠지지 않도록 노력해야 한다.

학습에 대한 집중력이 떨어진다면 5월과 마찬가지로 자신 있는 과목에 시간을 투자하거나, 지금까지 작성한 오답노트를 점검하며 약점을 극복하길 추천한다.

• 학생부전형(교과, 종합) 지원자는 자기소개서 완성이 필수

자기소개서를 완성하는 데에는 오랜 시간이 걸린다. 그러므로 여름방학 동안 자기소개서를 완성해두자. 만약 수시가 코앞인 9월에 자기소개서를 작성한다면 내용이 부실해지기 십상이거니와, 검토하고 수정하는 과정을 거치며 최소 일주일을 허비하기 때문이다. 수능 공부할 시간을 빼앗는 셈이므로, 시간적 여유가 있는 여름방학에 작성해두는 것을 권장하는 바이다. 여름방학 중에 자기소개서를 완성하면 개학 후 담임선생님이나 국어 선생님의 도움을 받아가며 수정하면 된다.

• 자신만의 수시 지원 계획 수립

7월과도 이어지는 부분이지만, 8월 중으로 수시모집 계획을 세워둬야 한다.

먼저 대학 및 학과를 결정한다. 그다음에는 어떤 전형에 지원할 것인지를 결정한다. 이때의 기준은 바로 학생부성적과 전국연합학력평가 성적이다. 이 둘을 바탕으로 학생부교과, 학생부종합, 논술전형, 적성전형 등을 결정해야 한다.

이왕이면 정시모집도 생각해두는 편이 좋다. 전국연합학력평가 성적을 통해 지원 가능한 대학을 미리 정해놓는 것도 좋은 방법이다. 일반적으로 수시전형은 정시전형에 가능한 대학보다 약간 상위인 대학 중에서 결정하여 지원하는 편이며, 실제로도 이러한 지원 방식을 권한다.

· 2학기 중간고사에 대한 조언

요즘 대부분의 고등학교에서는 2학기 중간고사를 8월 말에 치르는 경우가 늘어나고 있다. 빨리 시험을 본 다음, 남은 기간 동안 수능 준비에만 집중하라는 의미이다. 그러나 여기서 중요한 하나를 빠뜨리면 안 된다. 대부분의 대학이 수시모집에서는 학생부를 3학년 1학기까지 반영하지만, 정시모집에서는 수능 100퍼센트를 반영한다는 것이다. 아울러 일부 대학의 경우, 정시모집에서 학생부를 반영하기도 하지만 실질반영률이 낮으므로 합

격에 영향이 적은 편이다. 따라서 2학기 정기고사를 따로 공부하
는 것보다는 수능 준비에 충실하면서 개념 이해 위주로 시험 준
비를 하는 편이 좋다.

2학기(9~2월) 가이드

▶ 9월: 실제 수능을 대비한다

• 9월 평가원 전국연합학력평가

어떻게 보면 9월전국연합학력평가는 모든 전국연합학력평가
를 통틀어 가장 중요한 시험이라고 말해도 과언이 아니다. 그해
수능에 응시할 거의 대부분 학생이 이 시험에 응시하기 때문이
다. 특히 상대적으로 성적이 좋은 반수생까지 모두 응시하므로,
이전까지의 어떤 전국연합학력평가보다 냉정하게 자신의 위치
를 파악할 수가 있다.

9월의 평가원 전국연합학력평가를 치르고 난 뒤 각 과목별 분
석을 통하여 출제 경향을 파악하는 것이 중요하다. 6월전국연합

학력평가와 비교하여 문제를 정리하고, 그해 수능도 함께 대비해두자. 오답노트를 반드시 만들고, 자신에게 부족한 부분은 무조건 보완해야 한다.

• 수시모집 6회 원서를 계획에 따라 접수

9월전국연합학력평가 이후 2017학년도 수시모집 원서접수가 시작된다. 수시모집 원서접수는 본인이 미리 세워놓은 계획에 맞추어 무리하지 않는 범위에서 지원해야 한다. 수시 지원의 경우 적정 지원부터 소신 및 상향 지원까지 가능성을 열어두고, 6회의 기회를 최대한 활용하는 것이 좋다.

하지만 수시모집 지원에서 가장 유의해야 하는 것은 '친구 따라 강남가기'식의 지원이다. 자신의 계획이 아니라 친구가 원서를 넣는 전형에 따라 넣는 것이 얼마나 어리석은 행동인 줄 뻔히 알고 있으면서도, 친구 따라 지원하는 학생들이 해마다 나온다. 친구가 나의 인생을 책임지는 것은 아니므로 무조건 피해야 한다.

수시모집은 인터넷으로 접수하는 것이 편리하며, 인터넷접수 사이트(진학사, 유웨이)를 활용하여 접수한다. 아울러 대학별 면접 및 논술고사 일정 등을 반드시 확인해두고, 단계별 발표일도 달력에 표시해두어야 한다.

특히 수능 이후에 있는 논술고사는 더더욱 신중하게 판단해야 한다. 왜냐하면 수능성적이 좋은 경우라면 정시모집으로 더 상위권 대학에 갈 수 있지만, 논술고사에 응시하여 합격한 경우라면 정시모집에 지원할 수 없기 때문이다. 따라서 수시모집에도 요령이 필요하며, 성적이 따라 정시모집까지 고려해보는 지혜가 필요하다.

• 수능과 대학별 고사 집중

수시모집에 지원하는 학생들이 범하는 가장 큰 실수 중 하나를 알려주려 한다. 얘기를 들으면 '별거 아닌데?' 싶겠지만 입시에서 아주 빈도 높게 발생하는 실수이다. 그것은 바로 '대학별 고사는 집중해서 준비하면서 정작 수능 준비를 소홀히 한다'는 실수이다.

해마다 수능 최저학력기준을 충족시키지 못해 불합격하는 학생들이 꼬박꼬박 나온다. 특히 논술전형에 응시하는 학생들에게서 자주 나온다. 이유는 단순하다. 논술전형에 지원하는 학생들은 대부분 여름방학부터 논술에 많은 시간을 투자한다. 그러느라 정작 수능 공부에 집중할 시간이 줄어든다.

무엇이 내게 더 중요한지를 정확히 판단하고 공부해야만 대학 입시에서 좋은 결과를 얻을 수 있다. 논술전형에 집중하는 것도 필요하지만, 수능 공부를 소홀히 하면 절대 안 된다는 것을 명심하자.

▶ 10월: 수능 준비를 마무리하는 시기

• 10월전국연합학력평가 및 대학별 고사

일반적으로 9월 말부터 10월 말까지는 여러 대학에서 수시모집을 치르는 기간이다. 이때 유의할 것은 대학별 고사에 응시하되 수능 준비를 놓으면 안 된다는 것이다. 수능 공부를 잠시라도 내려놓기는커녕 오히려 더 박차를 가해도 무방하다.

앞서 언급했지만 대부분의 상위권 대학은 수능 최저학력기준을 정해놓는다. 수능 최저학력기준을 통과해야만 내가 가고 싶은 대학의 진짜 관문을 넘는 셈이다. 그러므로 대학별 고사를 보고 온 후에도 바로 수능 공부에 집중하는 자세를 유지하자.

10월에는 마지막 전국연합학력평가를 치른다. 이때만큼은 전국연합학력평가의 문제 자체보다 수험생들의 마음가짐이 더욱 중요하다. 수능을 1달 정도 남긴 시점이므로, 진짜 수능을 본다는 기분으로 시험에 임하자. '수능을 본다'는 마음가짐으로 과목별 시간 배분이나 문제 풀이 요령 등을 점검해야 한다. 그러나 잊지 말자. 전국연합학력평가 성적이 아무리 좋아도 정작 수능을 망친다면 정말 슬픈 일이 될 것이다. 마지막 그날까지 긴장을 풀지 말자.

• 수능 준비 마무리

수능이 코앞으로 닥쳐온 10월, 이 시기에는 어떻게 공부해야 할까?

이때는 구태여 새로운 문제를 찾아가며 풀어보는 것보다는 부족한 부분을 최종 보완하라고 권하고 싶다. 가장 좋은 방법은 이때까지 정리해온 오답노트를 다시 점검하는 것이다. 아울러 전국연합학력평가의 경우, 최근 3년간 나왔던 기출문제를 풀어보며 문제 경향도 분석해보는 것도 좋은 방법이다.

마지막으로 공부 패턴을 실제 수능과 같은 호흡으로 유지해두는 것도 중요하다. 예를 들어 오전에는 국어와 수학을, 오후에는 영어와 탐구를 공부하는 식이다. 마지막의 마지막까지 집중하며 노력하는 자세가 가장 절실한 시점, 바로 10월이다.

▶ 11월: 대학수학능력시험

• 건강관리와 수능

11월은 수능의 달이다. 11월에 가장 유의해야 할 것은 무엇일까?

바로 건강이다. 뭐니 뭐니 해도 수험생에게 가장 중요한 것은 첫 번째가 건강관리 그다음이 컨디션 조절이다. 수능 당일에 아프거나 컨디션이 나쁘다면? 결코 있어서는 안 될 사태가 발생한 것이다.

수능을 일주일 앞둔 시점부터는 지나치게 무리해서 공부하는 것보다 건강을 우선순위로 생각하는 것이 수험생으로서 더 현명한 자세라고 생각한다. 중요한 것은 수능 실전 감각을 잃지 않도록 꾸준히 노력해두는 것이다.

수능을 치를 때는 문제에 따라 흔들리지 말고 끝까지 평정심을 유지해야 한다. 만약 1교시 시험을 망쳤다는 생각이 들더라도 일단은 잊어버리자. 중요한 것은 다음 교시에 있을 시험이며, 그래야만 보다 좋은 결과를 얻을 수 있다. 실수를 최대한 줄여야 한다.

특히 수학의 경우, 배점 높은 문제를 실수로 틀린다면 등급이 달라질 수도 있으므로 끝까지 집중할 수 있는 정신력도 필요하다.

• 수능 가채점 결과 필수

수능을 치르고 나면 반드시 채점을 하자. 가채점 결과 확인은 필수이다. 때때로 수능을 제대로 못 치른 것 같다며 채점하지 않는 학생들이 있는데, 가채점은 대학 입시에서 매우 중요한 위치를 차지한다. 가채점에 따라 수능 이후의 대학별 고사에 응시할 것인지를 결정하기 때문이다.

수능 결과가 좋게 나와서 정시모집으로 더 좋은 대학에 합격할 수 있는 학생이 수시모집 대학별 고사에 응시했다가, 더 낮은 대학으로 가게 된 경우도 있다. 이미 앞에서도 이야기했지만 수시모집에 합격한다면 정시모집에는 지원할 수 없다. 그렇기 때문에 가채점의 중요성을 강조하는 것이다.

다시 한 번 정리하자면 수능 가채점 결과를 통하여 수시모집에 지원할 것인지 결정해야 하며, 만약 점수가 불확실하다면 대학별 고사에 응시하는 편이 좋을 것이다.

• 2학기 기말고사

대부분의 고등학교는 수능 이후에 2학기 기말고사를 치른다. 대학에 따라 2학기 성적을 정시모집에 반영하는 곳도 있으므로 끝까지 신경 쓰는 편이 좋다. 3학년 2학기 기말고사는 고등학교에서 치르는 마지막 시험이므로 유종의 미를 거둔다는 자세로 공부하자.

만약 대학별 고사와 기말고사가 겹칠 경우, 신중한 결정이 필요하다. 특히 수능 최저학력기준이 있는 경우라면, 대학별 고사의 합격 가능성을 고려해서 판단해야 한다.

▶ 12월: 수능점수 및 수시 발표

• 수능성적표와 수시모집 합격자 발표

12월 초에는 드디어 수능성적표가 배부된다. 동시에 각 대학에서 수시모집 합격자 발표를 한다.

명심하자. 수시모집에 합격한 학생은 반드시 등록을 해야 하며, 여러 대학에 합격한 경우라도 1개 대학에만 등록을 해야 한다. 중복 등록을 한 경우에는 전부 합격 취소되므로 유의한다.

이러한 사태를 미연에 방지하기 위해서는 자신의 적성과 관심에 맞는 학과를 선택하여 등록해야 한다. 또한 수시모집에도 추가합격자 발표가 있다는 사실을 기억해두고, 수시모집 최종 등록기간과 지원 대학홈페이지나 입학처 전화번호를 반드시 확인해두고 기다리는 것도 중요하다. 특히 예비번호가 앞자리인 경우에는 반드시 추가합격 여부를 확인하자.

· 정시 지원 계획

수시모집에 대한 최종 합격자 발표까지 불합격이라면 정시 지원 계획을 세워야 한다. 정시모집의 경우 산업대학과 전문대학, 특수목적대학 등을 제외하고 '가' '나' '다' 각 군별로 1회씩 지원할 수 있다. 따라서 대학의 모집군별 수능과 학생부 반영방법, 수능 영역별 반영비율 등을 고려해 신중하게 지원 계획을 세워야 한다.

일반적으로 가군과 나군에 모집하는 대학이 대부분이므로 한 곳은 안정하게 지원을 하고, 나머지 군에는 상향으로 지원할 것인지를 결정하는 것이 좋다. 만약 재수를 하지 않을 생각이라면 가군과 나군을 안전하게 지원해야 합격 가능성이 높아진다.

• 정시 합격자 발표 및 등록

대부분의 대학에서는 1월 초부터 1월 말까지 정시모집 최초 합격자를 발표한다. 그런 다음 미등록 인원 충원에 따라 추가합격자를 다시 발표한다. 최초 합격자 명단에 들지 못했다 하더라도 추가합격의 기회가 있으니 일단 기다려보자.

보통 추가합격자 발표는 1차와 2차의 경우 학교홈페이지에서, 그 이후에는 전화로 통보하는 경우가 많으므로 언제든 연락받을 수 있도록 해둬야 한다. 추가합격자로 통보된 경우에는 등록기간을 잘 지키는 것도 중요하다.

• 추가모집 준비

일부 대학에서는 정시모집 충원이 끝난 뒤에 또다시 결원이 발생하기도 한다. 대학에서 추가모집을 하는 경우이다. 사실 추가모집을 하지 않는 대학이 대부분이지만, 의외로 많은 대학이 추가모집을 하고 있으며, 정시모집에서 갈 수 없었던 대학을 추가모집에서 합격하기도 한다.

(1) 1학기(3~8월)에는 4번의 전국연합학력평가를 분석한 오답노트 정리가 중요하다. 3학년 1학기 학생부는 수시모집에 반영되므로 중간고사나 기말고사 성적을 높일 수 있도록 노력하자.

(2) 2학기(9~2월)에는 수시모집 대학별 고사와 수능이 있으므로 마지막까지 최선을 다해야 한다. 수능 가채점 결과를 보고 수시모집에 응시할지를 결정한다. 합격자 발표 시에는 등록기간을 잘 확인해야 하며, 추가 합격자 발표에도 유의해야 한다.

상위권, 중위권, 하위권별 전략 세우기

▶ **상위권 전략**

상위권 학생의 기준은 참 다양하다. 일반적으로는 학생부 기준 1~2등급 학생들을 상위권이라고 말한다.

상위권 학생들은 학생부 등급을 더 끌어올리거나, 그러지 못할 경우에는 최소한 유지라도 하는 것이 중요하다. 특히 수시모집에 반영되는 3학년 1학기는 학생부성적 관리가 중요하다. 이

성적을 바탕으로 수시모집과 정시모집에 어떤 전형을 어떻게 지원할 것인지 고민해야 하기 때문이다.

수시모집의 경우 1~1.3등급 이내의 최상위권 학생이라면 대개 학생부교과 혹은 학생부종합전형에 지원한다. 1.4~2등급 학생이라면 학생부종합전형이나 논술전형에 지원하는 것을 추천한다.

또한 담임선생님이나 입시전문가와의 상담도 필수이다. 담임선생님 혹은 전문가와 상담을 통해 어떤 전형에 지원해야만 합격 가능성이 조금이라도 높아지는지 파악하는 것이 가장 중요하다는 사실을 잊지 말자.

▶ 중위권 전략

일반적으로는 학생부 기준 3~4등급 학생들을 중위권이라고 말한다.

사실 이 등급의 학생들은 상위권 학생들에 비해 상대적으로 입시 전략을 세우기가 어렵다. 학생부성적이 그다지 뛰어나지 못하기 때문에 상위권 대학에 지원하기도 어렵다. 비교과활동이 많으면 좋겠지만 대개 비교과가 약한 편이다. 그러다 보니 수시모집에서 논술전형을 가장 많이 지원하게 된다. 일부 학생들이 중위권 대학의 학생부종합전형에 지원하지만, 수시모집 합격률은 그다지 높은 편이 아니다.

따라서 중위권 학생의 경우, 자신이 어떤 수시모집에서 어떤 전형에 지원할 것인지를 3학년 1학기 초부터 정해야 한다. 그런 다음 충실하게 준비해야만 조금이라도 합격 가능성이 높아진다. 만약 논술전형에 지원할 계획이라면 3월부터 준비를 하자. 지원 대학의 모의논술고사에 응시하거나 기출문제를 풀어가며 실전 감각을 익혀야 한다.

▶ 하위권 전략

일반적으로 학생부 기준 5등급부터의 학생들을 하위권이라고 말한다.

중위권 학생들과 마찬가지로 이 등급의 학생들도 입시 전략을 세우는 것이 쉽지 않다. 우선 수도권 대학을 목표로 정한 다음, 자신이 원하는 대학의 요강에서 전형을 찾아보고, 그 전형에 맞게 지원하는 방법이 좋다.

일반적으로 하위권 학생들은 수시모집에서 적성전형에 응시하는 경우가 많다. 하지만 합격률은 그다지 높지 않으며, 학생부가 6등급 이하인 경우에는 반영률의 차이가 커져서 합격 가능성도 거의 없어진다. 적성전형은 4~5등급의 학생들이 가장 많이 지원하는 전형이라고 봐도 무방하다.

따라서 하위권 학생들의 경우, 수시모집에서 수도권 대학을 목표로 한다면 적성전형에 지원하거나, 강원권·충청권 4년제 대학을 목표로 공부하는 것도 좋은 방법이다. 만약 학생부 등급이 6등급을 넘어가는 학생이라면 과목별 성적을 최대한 끌어올려 정시모집까지 생각하고 공부하는 것도 방법이다. 정시모집은 수능 4과목을 전부 반영하지 않는 대학도 있으므로 참고하자.

고3 전국연합학력평가는 수능의 예비고사라는 것을 기억하라

　3학년 때는 1~2학년 때와 다르게 전국연합학력평가 횟수가 6번으로 늘어난다.

　3월, 4월, 7월, 10월은 시도교육청이 주관하여 실시한다. 6월과 9월은 대학수학능력시험 출제기관인 한국교육과정평가원에서 주관하여 실시한다. 같은 이유에서 6번의 전국연합학력평가 중에서 6월과 9월의 시험을 가장 중요하다고 말할 수 있다. 수험생들은 반드시 6월과 9월의 전국연합학력평가를 단순히 시험만 치르는 데에서 끝낼 것이 아니라, 깐깐하게 복습해야 하고 부족한 과목을 보완하는 기회로 삼아야 한다.

참고로 자연계열의 과학Ⅱ 과목은 3월 시험에는 포함되지 않고, 4월부터 점차 범위가 늘어나다가, 9월에는 전 범위가 출제된다. 따라서 자연계열 수험생의 경우 과학Ⅱ 과목을 응시한다면 최소한 여름방학까지는 과학Ⅱ 과목을 끝내야 한다.

전국연합학력평가 난이도는 매회 다르므로 자신의 위치와 성적을 보다 정확하게 확인할 수 있는 기회이다. 지금부터 고3 학생들이 6번 치르는 전국연합학력평가에 대하여 자세히 알아보자.

총 6회 전국연합학력평가 가이드

▶ 3월전국연합학력평가

3학년이 되어 처음으로 맞이하는 3월전국연합학력평가는 3월 10일 전후로 실시하며, 서울특별시교육청에서 주관한다.

▶ 2016년 고등학교 3학년 3월전국연합학력평가 출제 범위

과목		출제 범위
국어		1~2학년 전 범위
수학	가형	(미적분Ⅱ)전 범위/ (확률과통계)Ⅰ.순열과 조합/ (기하와벡터) 미출제
	나형	(수학Ⅱ)전 범위/ (미적분Ⅰ)Ⅰ.수열의 극한/ (확률과통계) 미출제
영어		1~2학년 전 범위
한국사		전 범위
사회탐구	생활과윤리	전 범위
	윤리와사상	전 범위
	한국지리	전 범위
	세계지리	전 범위
	동아시아사	전 범위
	세계사	전 범위
	법과정치	전 범위
	경제	전 범위
	사회문화	전 범위
과학탐구	물리Ⅰ	전 범위
	화학Ⅰ	전 범위
	생명과학Ⅰ	전 범위
	지구과학Ⅰ	전 범위
	물리Ⅱ	미실시
	화학Ⅱ	미실시
	생명과학Ⅱ	미실시
	지구과학Ⅱ	미실시
직업탐구		미실시
제2외국어 및 한문	독일어Ⅰ	미실시
	프랑스어Ⅰ	미실시
	스페인어Ⅰ	미실시
	중국어Ⅰ	미실시
	일본어Ⅰ	미실시
	러시아어Ⅰ	미실시
	기초베트남어	미실시
	아랍어	미실시
	한문	미실시

자연계열의 경우 3월전국연합학력평가에 유의사항이 하나 있다. 과학Ⅱ 과목이 포함되지 않는다는 것이다. 교육과정상 과학Ⅱ 과목은 3학년 때 배우는 것으로 되어 있기 때문이다. 따라서 과학Ⅱ 과목을 준비한 학생은 다른 과목으로 응시해야 한다는 점을 미리 알아두자.

3월전국연합학력평가는 이후의 시험에 비해 난이도가 평이한 편이다. 또한 전문가들의 분석에 따르면 실제 수능에서는 3월전국연합학력평가보다 등급이 상당히 떨어진다고 한다. 그러므로 3월 성적이 잘 나왔다고 해서 자만하거나 공부를 소홀히 하는 일은 결코 없어야 한다.

시험이 끝나면 기출문제지와 해설서가 교육청홈페이지에 올라오며 무료 다운로드가 가능하다. 전 과목 오답노트를 만들고 부족한 과목을 보완하자. 고3 전국연합학력평가는 그해의 수능 방향을 예상하는 잣대가 되므로 반드시 점검해야 한다.

▶ 4월전국연합학력평가

4월전국연합학력평가는 4월 5일 전후로 실시하며, 경기도교육청에서 주관한다.

▶ 2016년 고등학교 3학년 4월전국연합학력평가 출제 범위

과목		출제 범위
국어		전 범위(화법과 작문, 독서와 문법, 문학)
수학	가형	(미적분Ⅱ)전 범위/ (확률과통계)Ⅱ.확률/ (기하와벡터)Ⅰ.평면곡선
	나형	(수학Ⅱ)전 범위/ (미적분Ⅰ)Ⅱ.함수의 극한과 연속/ (확률과통계)Ⅰ.순열과 조합
영어		전 범위(영어Ⅰ, 영어Ⅱ)
한국사		전 범위
사회탐구	생활과윤리	전 범위
	윤리와사상	전 범위
	한국지리	전 범위
	세계지리	전 범위
	동아시아사	전 범위
	세계사	전 범위
	법과정치	전 범위
	경제	전 범위
	사회문화	전 범위
과학탐구	물리Ⅰ	전 범위
	화학Ⅰ	전 범위
	생명과학Ⅰ	전 범위
	지구과학Ⅰ	전 범위
	물리Ⅱ	Ⅰ. 운동과 에너지
	화학Ⅱ	Ⅱ. 물질 변화와 에너지 1. 반응열
	생명과학Ⅱ	Ⅰ. 세포와 물질대사
	지구과학Ⅱ	Ⅱ. 지구의 변동과 역사 2. 지구의 역사
직업탐구		미실시
제2외국어 및 한문	독일어Ⅰ	미실시
	프랑스어Ⅰ	미실시
	스페인어Ⅰ	미실시
	중국어Ⅰ	미실시
	일본어Ⅰ	미실시
	러시아어Ⅰ	미실시
	기초베트남어	미실시
	아랍어	미실시
	한문	미실시

４월전국연합학력평가는 3월과 달리 자연계열에서 처음으로 과학Ⅱ 과목이 출제된다. 다시 한 번 강조하지만 자연계열의 과학Ⅱ 과목은 전 범위가 아니라 매월 조금씩 범위가 늘어나며, 2학기가 되는 9월에 비로소 전 범위가 출제된다. 4월의 난이도는 3월과 비슷한 편이다.

시험이 끝나면 교육청홈페이지에 시험문제지와 해설서가 올라오며, 무료 다운로드가 가능하다. 3월전국연합학력평가와 마찬가지로 틀린 문제를 정리한 오답노트를 만들고 전체적으로 점검해봐야 한다. 3월과 비교해 성적 하락이 심한 과목이 있다면 꼼꼼하게 이유를 분석하고 보완책을 세우자.

▶ 6월전국연합학력평가

6월전국연합학력평가는 6월 2일 전후로 실시하며, 한국교육과정평가원에서 주관한다.

몇 번을 강조하지만 6월전국연합학력평가와 9월전국연합학력평가는 다른 달의 시험보다 중요하다. 왜냐하면 대학수학능력시험을 주관하는 기관에서 문제를 출제하기 때문이다. 6월전국연합학력평가의 문제 경향은 그해 대학수학능력시험을 예측하는

▶ 2016년 고등학교 3학년 6월 전국연합학력평가 출제 범위

과목		출제 범위
국어		전 범위(화법과 작문, 독서와 문법, 문학)
수학	가형	(미적분Ⅱ)전 범위/ (확률과통계)Ⅱ.확률/ (기하와벡터)Ⅰ.평면벡터
	나형	(수학Ⅱ)전 범위/ (미적분Ⅰ)Ⅲ.다항함수의 미분법/ (확률과통계)Ⅱ.확률
영어		전 범위(영어Ⅰ, 영어Ⅱ)
한국사		전 범위
사회탐구	생활과윤리	전 범위
	윤리와사상	전 범위
	한국지리	전 범위
	세계지리	전 범위
	동아시아사	전 범위
	세계사	전 범위
	법과정치	전 범위
	경제	전 범위
	사회문화	전 범위
과학탐구	물리Ⅰ	전 범위
	화학Ⅰ	전 범위
	생명과학Ⅰ	전 범위
	지구과학Ⅰ	전 범위
	물리Ⅱ	Ⅲ. 파동과 빛 1. 파동의 발생과 전달
	화학Ⅱ	Ⅲ. 화학평형 1. 평형의 원리
	생명과학Ⅱ	Ⅱ. 유전자와 생명공학 1. 유전자와 형질 발현
	지구과학Ⅱ	Ⅲ. 대기와 해양의 운동과 상호작용
직업탐구		전 범위
제2외국어 및 한문	독일어Ⅰ	전 범위
	프랑스어Ⅰ	전 범위
	스페인어Ⅰ	전 범위
	중국어Ⅰ	전 범위
	일본어Ⅰ	전 범위
	러시아어Ⅰ	전 범위
	기초베트남어	전 범위
	아랍어	전 범위
	한문	전 범위

첫 번째 기준이 되어주는 셈이다. 따라서 시험이 끝나면 문제를 분석, 보완하고 반드시 오답노트를 만들어 점검한다.

시험이 끝나면 문제지와 정답지가 한국교육과정평가원홈페이지에 올라오는데, 특이한 점은 해설서 없이 정답지만 제공한다는 점이다. 교육청에서 주관하는 시험과는 크게 다른 차이점이다. 해설이 필요한 학생들은 EBS홈페이지에서 해설서나 해설방송으로 대체할 수 있으며, 해설서는 무료 다운로드가 가능하다.

시험 범위를 미리 점검해둔 다음 최선을 다해 6월전국연합학력평가를 치르자. 6월 성적을 분석해보면 슬픈 사실을 하나 확인할 수 있다. 대부분의 학생이 3월과 4월 시험보다 등급이 하락한다. 이유는 한둘이 아니다. 문제의 난이도가 올라갔기 때문인 것도 있고, 재수생들이 응시한 것도 있다.

일부 학생들은 이 같은 결과에 충격을 받고 좌절과 방황을 겪기도 한다. 그러나 수능을 반년도 앞두지 않은 이 시점에서 마음이 흔들리면 절대 안 될 이야기이다. 학부모의 격려와 응원이 절실한 시점이라고 생각한다. 학생들 역시 이럴 때일수록 더욱 자기 자신을 냉정하게 바라보고 부족한 부분을 직시하자. 3월과 4월처럼 오답노트를 만들어 부족한 과목을 보완하는 것은 필수이다.

7월전국연합학력평가는 7월 5일 전후로 실시하며, 인천광역시교육청에서 주관한다.

7월 시험의 난이도는 3월과 4월과 비슷하며 일반적으로는 6월보다 다소 평이하게 출제되는 경향이 있다. 아울러 6월전국연합학력평가에서 성적이 하락한 학생들이 대부분 성적이 조금은 오르기도 한다. 교육청과 평가원의 출제 경향과 약간 방향이 다르기 때문에 일어나는 현상으로 판단할 수 있으며, 학생들에게 자신감을 주기 위하여 쉽게 출제한다는 전문가의 의견도 있다. 아쉽겠지만 성적이 올랐다고 방심하거나 자만하는 것은 금물이다.

시험 종료 후에는 교육청홈페이지에 시험문제지와 해설서가 올라오며 무료 다운로드가 가능하다.

시험이 끝나면 이전과 마찬가지로 오답노트를 만들어 부족한 과목을 점검하고, 여름방학에는 무엇을 어떻게 공부할 것인지 준비해둔다. 여름방학 전 1학기에 치렀던 4번의 전국연합학력평가를 다시 한 번 풀어보며 실전 시험에 대한 감을 잡는 것도 중요하다.

▶ 2016년 고등학교 3학년 7월 전국연합학력평가 출제 범위

과목		출제 범위
국어		전 범위(화법과 작문, 독서와 문법, 문학)
수학	가형	(미적분 II)전 범위/ (확률과통계) III.통계/ 1. 확률분포/ (기하와벡터) III.공간도형
	나형	(수학 II)전 범위/ (미적분 I)전 범위/ (확률과통계) III.통계/ 1. 확률분포
영어		전 범위(영어 I, 영어 II)
한국사		전 범위
사회탐구	생활과윤리	전 범위
	윤리와사상	전 범위
	한국지리	전 범위
	세계지리	전 범위
	동아시아사	전 범위
	세계사	전 범위
	법과정치	전 범위
	경제	전 범위
	사회문화	전 범위
과학탐구	물리 I	전 범위
	화학 I	전 범위
	생명과학 I	전 범위
	지구과학 I	전 범위
	물리 II	III. 파동과 빛
	화학 II	III. 화학평형
	생명과학 II	III. 생물의 진화 1. 생명의 기원과 다양성
	지구과학 II	IV. 천체와 우주 1. 별의 특성
직업탐구		미실시
제2외국어 및 한문	독일어 I	미실시
	프랑스어 I	미실시
	스페인어 I	미실시
	중국어 I	미실시
	일본어 I	미실시
	러시아어 I	미실시
	기초베트남어	미실시
	아랍어	미실시
	한문	미실시

9월전국연합학력평가는 9월 2일 전후로 실시하며, 6월과 마찬가지로 한국교육과정평가원에서 주관한다.

9월 시험은 고3의 전국연합학력평가 중에서 가장 중요하다고 강조하고 싶다. 대학수학능력시험이 가장 임박한 시점에 치르는 시험이기 때문이다. 9월전국연합학력평가의 문제 경향은 6월 시험과 함께 그해 수능 문제를 예측해볼 수 있는 중요한 기준이 된다. 각 과목 문제를 점검하고 보완하며 오답노트를 십분 활용하고 정리하는 습관을 기르자. 9월전국연합학력평가는 수능에 출제되는 모든 과목이 전 범위 출제되므로, 수능 예비시험이라고 봐도 무방할 것이다.

6월과 마찬가지로 시험 종료 후 문제지와 정답지가 한국교육과정평가원홈페이지에 올라오며, 해설서 없이 정답지만 올린다. 해설이 필요한 학생들은 EBS홈페이지에서 해설서를 무료 다운로드받거나 해설 강의를 들으면 된다.

9월전국연합학력평가에는 재수생과 반수생들이 대거 응시한다. 그러다 보니 결과적으로 최상위권 학생 수가 증가하는 바람에, 일반 고3 학생들의 경우 등급이 하락하는 경향을 많이 보인

▶ 2016년 고등학교 3학년 9월전국연합학력평가 출제 범위

과목		출제 범위
국어		전 범위(화법과 작문, 독서와 문법, 문학)
수학	가형	전 범위(미적분Ⅱ,확률과통계,기하와벡터)
	나형	전 범위(수학Ⅱ,미적분Ⅰ,확률과통계)
영어		전 범위(영어Ⅰ, 영어Ⅱ)
한국사		전 범위
사회탐구	생활과윤리	전 범위
	윤리와사상	전 범위
	한국지리	전 범위
	세계지리	전 범위
	동아시아사	전 범위
	세계사	전 범위
	법과정치	전 범위
	경제	전 범위
	사회문화	전 범위
과학탐구	물리Ⅰ	전 범위
	화학Ⅰ	전 범위
	생명과학Ⅰ	전 범위
	지구과학Ⅰ	전 범위
	물리Ⅱ	전 범위
	화학Ⅱ	전 범위
	생명과학Ⅱ	전 범위
	지구과학Ⅱ	전 범위
직업탐구		전 범위
제2외국어 및 한문	독일어Ⅰ	전 범위
	프랑스어Ⅰ	전 범위
	스페인어Ⅰ	전 범위
	중국어Ⅰ	전 범위
	일본어Ⅰ	전 범위
	러시아어Ⅰ	전 범위
	기초베트남어	전 범위
	아랍어	전 범위
	한문	전 범위

다. 때로는 7월과 점수는 같지만 등급이 내려가는 경우도 생긴다.

9월 성적표를 받으면 실망하지 말고 마음을 굳게 먹자. 남은 수능까지 스스로를 격려하며 힘을 내자. 자칫 성적이 떨어졌다는 실망감에 공부를 소홀히 하거나 방황한다면 자신에게 마이너스가 될 뿐이다. 아직은 수능까지 2달이나 남았다. 앞에서와 마찬가지로 오답노트를 분석하며 틀린 문제를 재점검한다. 고3 선생님들이 흔히 하는 말을 머릿속에 새겨두자.

"모의고사는 말 그대로 모의고사일 뿐, 중요한 것은 수능이다."

▶ 10월전국연합학력평가

10월전국연합학력평가는 10월 10일 전후로 실시하며, 서울특별시교육청에서 주관한다.

10월전국연합학력평가의 난이도는 앞서 실시했던 교육청 전국연합학력평가와 비슷하며, 일반적으로는 9월보다 다소 평이하게 출제되는 편이다. 10월전국연합학력평가는 대학수학능력시험이 임박한 상황에서 치르는 마지막 전국 규모의 시험이므로, 자신의 위치를 최종 확인하는 시간이기도 하다. 그러나 학생들에게 자신감을 주기 위해 교육청 시험 가운데 제일 쉽게 출제되

▶ 2016년 고등학교 3학년 10월전국연합학력평가 출제 범위

과목		출제 범위
국어		전 범위(화법과 작문, 독서와 문법, 문학)
수학	가형	전 범위(미적분Ⅱ,확률과통계,기하와벡터)
	나형	전 범위(수학Ⅱ,미적분Ⅰ,확률과통계)
영어		전 범위(영어Ⅰ, 영어Ⅱ)
한국사		전 범위
사회탐구	생활과윤리	전 범위
	윤리와사상	전 범위
	한국지리	전 범위
	세계지리	전 범위
	동아시아사	전 범위
	세계사	전 범위
	법과정치	전 범위
	경제	전 범위
	사회문화	전 범위
과학탐구	물리Ⅰ	전 범위
	화학Ⅰ	전 범위
	생명과학Ⅰ	전 범위
	지구과학Ⅰ	전 범위
	물리Ⅱ	전 범위
	화학Ⅱ	전 범위
	생명과학Ⅱ	전 범위
	지구과학Ⅱ	전 범위
직업탐구		전 범위
제2외국어 및 한문	독일어Ⅰ	전 범위
	프랑스어Ⅰ	전 범위
	스페인어Ⅰ	전 범위
	중국어Ⅰ	전 범위
	일본어Ⅰ	전 범위
	러시아어Ⅰ	전 범위
	기초베트남어	미실시
	아랍어	미실시
	한문	전 범위

는 경향이 있다.

시험 종료 후에는 교육청홈페이지에 시험문제지와 해설서가 올라오며, 무료 다운로드가 가능하다. 반드시 마지막 오답노트를 만들어 점검한다. 3월부터 치른 6번의 전국연합학력평가를 분석하여 자신에게 가장 부족한 과목을 지속적으로 보완해야 한다. 가장 중요한 포인트는 실수를 줄이는 것이다. 조급한 마음을 버리고 차분하게 시험 볼 수 있도록 마인드컨트롤을 하자.

이것만은 기억하자

(1) 3월, 4월 ,7월 ,10월전국연합학력평가는 교육청에서, 6월과 9월전국연합학력평가는 수능 출제기관인 한국교육과정평가원에서 출제하므로 문제의 방향이 조금씩 다르다.

(2) 6번의 전국연합학력평가가 끝날 때마다 시험을 분석하고 오답노트를 만들어 자신에게 부족한 부분을 보완하자. 실전 시험에서 실수를 줄일 수 있는 시간 배분과 요령을 길러야 한다.

상위권, 중위권, 하위권별 전략 세우기

■ ■ ■

▶ 상위권 전략

상위권 학생은 전국연합학력평가에서 국·수·영·탐 4과목을 기준으로 인문계열은 평균 1등급, 자연계열은 평균 2등급 학생들을 말한다. 여기에 속하는 학생들은 4과목 중에서 어떤 과목이 부족한지 철저히 분석하고 보완하여 성적을 끌어올려야 한다. 인문계열은 국어·영어·수학을, 자연계열은 수학·탐구를 중점적으로 공부한다. 이유는 대부분의 대학에서 이 과목의 반영비율이 높기 때문이다. 특히 최상위권 대학을 목표로 한다면 인문계열은 국어·영어·수학 1등급, 자연계열은 수학·탐구 1등급이 필수이다.

성적을 높이는 방법으로 가장 많이 추천하는 것은 오답노트이다. 매월 전국연합학력평가가 끝난 후 과목별 오답노트를 만들어 보완하는 습관을 들이자. 오답노트는 문제를 몇 가지로 분류하여 정리하는 것이 좋은데, 예를 들어 '찍어서 맞은 문제' '맞았지만 개념을 모르는 문제' '실수(계산 실수 포함)로 틀린 문제' 등으로 분류하여 정리하는 것이다. 만약 오답노트를 만들 시간이 부족다면 시험지에 직접 분류하여 정리하는 것도 추천하는 방법이다.

▶ 중위권 전략

　중위권 학생은 전국연합학력평가에서 국·수·영·탐 4과목을 기준으로 인문계열은 평균 1.5등급, 자연계열은 평균 3등급 학생들을 말한다. 여기에 속하는 학생들은 너무 큰 목표보다는 현실 가능한 목표를 세우는 것이 좋다. 중점 과목은 상위권 학생들과 마찬가지이다. 인문계열은 국어·영어·수학을, 자연계열은 수학·탐구처럼 반영비율이 높은 과목에 집중해야 한다. 매월 전국연합학력평가가 끝나면 오답노트를 만들어 점검하는 습관을 들인다. 오답노트는 바로 위의 상위권 학생들에게 제시한 것처럼 문제를 분류하여 정리하는 것이 좋다.

　중위권 학생들의 경우, 상위권 학생들에 비해 성적 상승이 느린 편이다. 상위권 학생들과 똑같은 노력을 기울이지만 그만큼 성적이 오르지 못한다면, 공부방법이나 집중도의 문제일 수도 있다. 다시 한 번 자신을 냉철하게 분석해보는 것도 필요한 전략이라고 생각된다.

하위권 학생은 전국연합학력평가에서 국·수·영·탐 4과목을 기준으로 인문계열은 평균 2등급, 자연계열은 평균 4등급이 넘는 학생들을 말한다. 여기에 속하는 학생들은 성적이 뛰어오르길 바라는 것보다는 현재 위치에서 가능한 대학을 목표로 삼고 공부하길 추천한다. 왜냐하면 대학마다 과목을 반영하는 비율이 조금씩 다르기 때문이다. 특히나 인문계열의 경우에는 등급은 같을지라도 과목에 따라 반영비율이 다른 곳이 종종 있으므로, 자신에게 유리한 목표 대학을 결정하는 것도 중요하다. 일부 대학은 전 과목을 반영하는 것이 아니라 3과목만 반영하는 곳도 있으므로 참고한다.

하위권 학생들은 국어·수학·영어의 주요과목이나 탐구 과목 성적이 애매하게 나오는 경우가 많으므로, 어떻게든 성적이 올라갈 수 있도록 꾸준히 노력해야만 한다. 매월 전국연합학력평가가 끝나면 오답노트를 만들어 점검하는 것은 필수임을 잊지 말고, 문제끼리 분류하여 정리하는 습관도 반드시 몸에 익힌다.

하위권 학생들에게 꼭 당부하고 싶은 말이 있다. 끝까지 최선을 다하여 공부하는 자세를 가지라는 것이다. 일부이긴 하지만

성적이 오르지 않는다며 스스로 포기하는 학생들을 본 적이 있
다. 그러한 행동은 더 나쁜 성적을 받게 만드는 원인이 된다. 수
능을 보는 그날까지 최선을 다하는 것만이 후회하지 않는 고3을
보내는 길이라는 사실을 명심하자.

학생부성적은 어떻게든
잘 받는 것이 중요하다

수시·정시모집 학생부 반영방법

　수시모집과 정시모집에서 학생부를 반영하는 방법은 대학마다 매우 차이가 크다. 그러나 일반적으로 나누어보자면 수시모집에서는 학생부를 20~100퍼센트 반영하는 대학이, 정시모집에서는 학생부를 0~10퍼센트로 반영하는 대학이 대부분이다. 이

말인즉슨 학생부는 수시모집에서는 비중이 높지만 정시모집에서 별로 높지 않다는 것을 의미한다.

또 수시모집 안에서도 각 전형에 따라 학생부의 반영비율이 다르다. 학생부를 중요시하는 대학이 있는가 하면, 그렇지 않은 대학도 있다. 학년에 따라 반영되는 비율도 각각 다르다. 고등학교 3년을 동일하게 적용하는 대학도 있고, 1학년은 20퍼센트, 2학년은 40퍼센트, 3학년은 40퍼센트로 학년에 따라 다르게 적용하는 대학도 있다. 이러한 비율은 각 대학전형요강에 자세하게 나와 있으므로 꼼꼼하게 살펴봐야 한다. 수시모집과 정시모집에 지원하기 전에, 해당 대학의 학생부 반영비율에 대한 내용을 잘 알고 지원해야만 합격 가능성도 높아진다. 지금부터 2017년 상위 12개 대학 학생부 반영방법을 수시모집과 정시모집으로 분류하여 알아보자.

다음의 표를 분석해보자. 주요 대학의 수시모집 전형 구분과 학생부 반영비율이 비슷하다는 사실을 금세 확인할 수 있을 것이다. 물론 조금씩 다른 부분도 있으므로, 응시를 원하는 대학만큼은 정확하게 정보를 알고 있어야 한다.

학교명	전형 구분	학생부 반영비율
서울대학교	지역균형선발전형	전교과 100퍼센트
	일반전형	전교과 100퍼센트
연세대학교	학생부종합전형(면접형)	교과 50퍼센트 + 비교과 50퍼센트
	학생부종합전형(활동우수형)	–
	일반전형	교과 20퍼센트 + 비교과 10퍼센트
	특기자전형	–
고려대학교	일반전형	–
	고교추천 I	교과 100퍼센트
	고교추천 II	
서강대학교	학생부종합(자기주도형)	–
	학생부종합(일반형)	
	논술전형	교과 10퍼센트 + 비교과 10퍼센트
	알바트로스창의전형	–
성균관대학교	성균인재전형	–
	글로벌인재전형	–
	논술우수전형	교과 30퍼센트 + 비교과 10퍼센트
	소프트웨어과학인재전형	–
한양대학교	학생부교과전형	교과 100퍼센트
	학생부종합전형	–
	논술전형	학생부종합 30퍼센트
	특기자전형(어학, 소프트웨어)	–

대학	전형	반영 비율
이화여자대학교	논술전형	교과 30퍼센트
	고교추천전형	교과 100퍼센트
	미래인재전형	–
	특기자전형(어학,과학,국제학)	–
중앙대학교	학생부교과전형	교과 70퍼센트 + 비교과 30퍼센트
	학생부종합전형(다빈치형인재)	–
	학생부종합전형(탐구형인재)	–
	논술전형	교과 20퍼센트 + 비교과 20퍼센트
경희대학교	학생부종합전형(네오르네상스)	–
	학생부종합전형(고교 연계)	교과 50퍼센트
	논술우수자전형	교과 20퍼센트 + 비교과 10퍼센트
한국외국어대학교	학생부교과전형	교과 100퍼센트
	학생부종합전형	–
	논술전형	교과 30퍼센트
	특기자전형(수학 · 과학, 외국어)	–
서울시립대학교	논술전형	교과 40퍼센트
	학생부교과전형	교과 100퍼센트
	학생부종합전형	–
숙명여자대학교	논술우수자전형	교과 40퍼센트
	학업우수자전형	교과 100퍼센트
	숙명인재전형	–
	글로벌인재전형	–

▶ **정시모집**(실기 및 기회균형전형 제외)

학교명	전형 구분	학생부 반영비율	비고
서울대학교	정시(일반)	학생부 미반영	수능 100퍼센트
연세대학교	정시(일반)	학생부 100(교과 50 + 비교과 50)	수능 910
고려대학교	정시(일반)	학생부 미반영	수능 100퍼센트
서강대학교	정시(일반)	학생부 10퍼센트(비교과)	수능 90퍼센트
성균관대학교	정시(일반)	학생부 미반영	수능 100퍼센트
한양대학교	정시(일반)	학생부 미반영	수능 100퍼센트
이화여자대학교	정시(일반)	학생부 미반영	수능 100퍼센트
중앙대학교	정시(일반)	학생부 미반영	수능 100퍼센트
경희대학교	정시(일반)	학생부 미반영	수능 100퍼센트
한국외국어대학교	정시(일반)	학생부 미반영	수능 100퍼센트
서울시립대학교	정시(일반)	학생부 미반영	수능 100퍼센트
숙명여자대학교	정시(일반)	학생부 미반영	수능 100퍼센트

이 표를 분석해보자. 정시모집의 경우, 일부 대학 외에는 학생부 미반영 + 수능 100퍼센트가 대부분이다. 정시모집은 대개 수능을 중심으로 학생을 선발한다. '정시=수능'이라고 기억해도 무방할 정도이다.

이것만은 기억하자

(1) 학생부 반영비율은 수시모집에서는 최소 20퍼센트에서 최대 100퍼센트까지 반영하는 것이 일반적이며, 정시모집에서는 최소 0퍼센트에서 최대 10퍼센트까지 반영한다는 것을 기억하자.
(2) 반영비율의 경우 1학년 · 2학년 · 3학년을 똑같이 나누어 반영하는 곳도 있지만, 대부분의 대학은 1학년 20퍼센트 + 2학년 40퍼센트 + 3학년 40퍼센트로 반영하는 곳이 많다는 것을 기억하자.

상위권, 중위권, 하위권별 전략 세우기

▶ 상위권 전략

일반적으로 학생부 기준 1~2등급 학생들을 상위권이라고 말한다. 학생부 상위권 학생들의 바람직한 전력은 무엇일까?

먼저 학생부가 상위권이라면 3학년 1학기 학생부성적을 더 끌어올리도록 노력하는 편이 좋다. 수시모집에서 학생부를 반영할 경우, 대부분 3학년 학생부의 비율이 높기 때문이다. 1학년은 20퍼센트, 2학년은 40퍼센트, 3학년은 40퍼센트를 반영하는 대학이 가장 많다. 수시모집에서는 3학년 1학기까지만 성적을 반영하므로, 학교 시험을 중점적으로 공부하여 성적을 올려야 한다.

수시모집에 지원할 때 1~1.3등급 이내의 최상위권 학생이라면 학생부교과전형에, 1.4~2등급 학생이라면 학생부종합전형에 지원하는 것을 추천한다. 그러나 이것은 반드시 지켜야만 하는 규정은 아니다. 조금이라도 자신에게 유리하다고 생각되는 전형이 있다면 해당 전형에 지원하자. 앞서 강조하였듯이 담임선생님이나 전문가와 반드시 상담하고 지원해야 합격 가능성이 높아진다는 점을 명심한다.

▶ 중위권 전략

일반적으로 학생부 기준 3~4등급 학생들을 중위권이라고 말한다. 학생부 중위권 학생들의 바람직한 전력은 무엇일까?

상위권 학생들과 마찬가지로 3학년 1학기 학생부성적을 조금이라도 높여두는 것을 첫 번째로 추천한다. 학생부종합전형의 경우 서류평가가 100퍼센트이므로, 실제로는 학생부를 얼마나 반영하는지 알기 어렵다.

그러나 대학 입학사정관들의 이야기를 들어보면 아주 짧은 기간 안에 수천 명에 가까운 수시모집 지원자의 서류를 완벽하게 평가하기가 현실적으로 어렵기 때문에, 학생부성적을 무시하는 것 역시 어렵다고 한다. 곧 학생을 평가하는 가장 객관적인 지표는 학생부성적이라는 뜻이다. 그러므로 학생부성적을 조금이라도 높이는 것은 기본 중의 기본이다.

일반적으로 중위권 학생에게는 논술전형 위주로 지원하는 것을 추천한다. 대개의 논술전형은 평균 5등급까지 만점을 주기 때문에 학생부의 영향이 거의 없는 편이다. 따라서 학기 초부터 지원 대학을 정해두고, 논술 준비를 하는 것을 추천한다.

▶ 하위권 전략

일반적으로 학생부 기준 5등급부터의 학생들을 하위권이라고 말한다. 학생부 하위권 학생들의 바람직한 전략은 무엇일까?

우선 하위권 학생들은 목표 대학을 정하고, 해당 대학의 전형에 맞춰 준비하는 것이 좋다. 만약 학생부성적은 좋지 않은 데 반해 전국연합학력평가에서 좋은 성적을 거두고 있다면, 수시모집보다는 정시모집에 초점을 맞추고 공부하는 편이 좋다. 수시모집에서는 적성전형 지원을 추천하지만, 이 전형은 학기 초부터 준비하지 않으면 합격이 어려우므로 잘 알고 지원해야 한다.

하위권 학생들에게는 수도권 대학보다는 강원권·충청권 4년제 대학을 목표로 삼는 것도 추천하는 바이다. 합격 가능성을 높일 수 있는 방법이기 때문이다.

스스로 자신을 믿고, 자신감을 키우며, 끝까지 공부하는 것이 가장 현명한 방법이라는 사실을 잊지 말자.

수시, 자신에게 가장 유리한 전형을 파악하고 지원한다

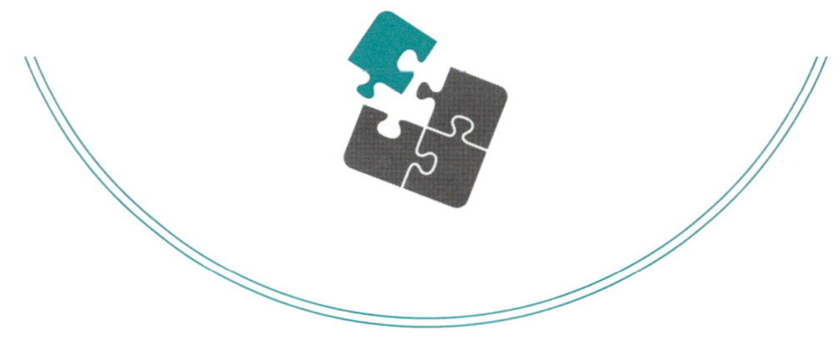

대학별 수시모집전형

　수시모집은 일반적으로 9월 10일 이후에 실시하며, 각 대학별로 다양한 전형이 존재한다. 수시모집전형은 크게 학생부를 위주로 실시하는 학생부교과전형이나 학생부종합전형, 논술을 중심으로 하는 논술전형, 특정 분야에서 활동한 학생들을 선발하는 특

기자전형, 어려운 학생들을 위주로 선발하는 사회배려자·기회
균형전형 등으로 분류가 가능하다. 아울러 학생부종합전형의 경
우에는 해당 대학의 특성을 반영한 다양한 이름의 전형이 존재한
다. 성균관대학교의 '성균인재전형', 중앙대학교의 '다빈치형인재
전형', 경희대학교의 '네오르네상스전형' 등이 대표적이다.

첫째, 수시모집전형을 잘 파악한다
둘째, 자신에게 가장 유리한 전형이 무엇인지 판단한다

수시 지원은 이 2가지를 충족시킨 뒤에 하는 것이 옳다. 그러
나 아쉬운 점은 수시모집에서 마땅한 지원 분야를 찾지 못해 논
술전형에 지원하는 학생이 너무나도 많다는 것이다. 상황이 이
렇다 보니 수시모집 논술전형은 경쟁률이 50:1을 넘기도 한다.
경쟁률과 반비례하여 합격률은 점점 낮아진다. 그렇기 때문에
더욱 명확하게 수시모집전형을 분석하고 고민하라고 거듭 강조
하는 것이다. 그리고 수시모집은 총 6회로 지원 횟수가 제한적이
기 때문에 충분히 고민하고, 담임선생님이나 입시전문가와 논의
한 다음에 결정해야 한다.

수시모집을 지원할 때 유의해야 할 점이 하나 있다. 너무 상향 지원하지 말라는 것이다. 보통 수시모집에서는 정시모집보다 지원 대학을 약간 높게 쓰는 경향이 있다. 하지만 일부 학생들은 로또를 바라는 것인가 싶을 만큼 지나치게 상향 지원하는 경우도 있다. 물론 엄청나게 운이 좋아 꿈의 대학에 가는 수험생도 어딘가는 있을 수 있다. 그러나 대학 입시는 실력 없이 요행으로 합격하기가 정말 어렵다는 사실을 기억하자.

다시 한 번 강조한다. 지나친 상향 지원은 응시료를 낭비하는 셈이므로, 자신의 실력에 맞추어 지원해야 한다.

상위권, 중위권, 하위권별 전략 세우기

▶ 상위권 전략

앞에서 상위권 학생을 나누는 기준은 학생부 기준 1~2등급이라고 했다. 하지만 보다 세분화해보면 최상위권 학생은 1~1.3등급이고, 나머지 1.4~2등급은 일반적인 상위권 학생이다. 이러한 상위권 학생들은 어떤 전략을 세우고 수시모집에 지원하는 것이 좋을까?

먼저 최상위권 학생들은 학생부성적만큼 모의평가 성적이 좋은 학생들과, 학생부성적만 월등히 좋은 학생들로 갈린다. 후자의 경우 학생부는 최상위권이지만 모의평가는 평균 2~3등급인 학생들이다. 이런 학생들은 수시모집 합격이 가장 좋은 방법이다. 그러므로 학생부교과나 학생부종합전형을 지원할 때 서울대·연세대·고려대를 지원하는 것도 좋지만, 서강대·성균관대·한양대·중앙대·경희대·한국외대·서울시립대·건국대 등도 함께 고려해보길 추천하는 바이다. 특히 인문계열의 경우에는 보다 낮은 대학까지 염두에 둬야 한다. 왜냐하면 학생부교과전형은 수능 최저학력기준이 있으므로, 이 기준을 반드시 통과해야 하기 때문이다.

일반적인 상위권 학생들은 대개 학생부교과보다는 학생부종합전형에 지원한다. 학생부종합전형의 장점은 대개 수능 최저학력기준이 없다는 것이고, 단점은 상대적으로 비교과영역이 중요하다는 것이다. 비교과활동이 많지 않다면 논술전형도 고민해보아야 한다. 단, 논술전형에는 수능 최저학력기준이 있다.

잊지 말자. 학생부종합전형은 비교과영역의 내용이 중요하고, 논술전형은 수능 최저학력기준이 있다. 무엇이 자신에게 유리할지 잘 판단하여 수시모집에 지원하자.

수시모집에 지원할 때는 가장 먼저 생활기록부를 확인한 뒤에 학생부교과 → 학생부종합 → 논술전형순으로 결정하는 것이 좋다.

▶ 중위권 전략

앞에서 중위권 학생들은 학생부 기준 3~4등급이라고 했다. 중위권 학생들에게 바람직한 수시모집 전략은 무엇일까?

일반적으로는 학생부종합전형이나 논술전형에 지원하는 것을 추천한다. 이때 지원 대학을 잘 결정해야 하는데 보통은 중위권 대학을 목표로 삼는다.

하지만 학생부에 비해 전국연합학력평가 성적이 높아 평균 1~1.5등급을 받는 경우라면, 논술전형에 지원하는 것도 좋다. 앞에서도 언급하였지만 논술전형은 평균 5등급까지 만점을 주거나 혹은 점수 차가 거의 없기 때문이다. 수능 최저학력기준을 충분히 만족시키는 동시에 학생부 반영도 상대적으로 적다.

자신에게 유리한 전형이 무엇인지를 먼저 판단하고 수시모집에 지원하자. 특히 논술전형에 지원하는 경우라면 3월부터 목표 대학을 정하고 준비해야 한다.

▶ 하위권 전략

앞에서 하위권 학생들은 학생부 기준 5등급부터라고 했다. 그렇다면 하위권 학생들의 바람직한 수시모집 전략을 무엇일까?

하위권 학생에게 맞는 수시모집 지원전략은 거의 없다고 보는 것이 일반적인 의견이다. 기본적으로 거의 대부분의 전형에 학생부가 포함된다. 그리고 안타깝지만 하위권 학생들은 모의평가 성적도 그다지 좋지 못한 경우가 많다. 때로는 수시모집에서는 적성전형 지원을 추천하는 선생님도 있는데, 이 전형은 3월부터 준비하지 않으면 합격하기가 상당히 어렵다. 또 학생부 등급이 6등급을 넘겼다면 적성고사로도 합격이 어려운 경우가 많다.

따라서 하위권 학생들은 수시모집보다는 오히려 정시모집에 집중하는 편이 더 좋을 수 있다. 앞에서도 수차례 강조했지만 '끝까지 공부하겠다'는 마음가짐으로 최선을 다해야 한다는 점을 잊지 말자.

정시, 과목별 반영비율과 각 군별 지원 전략을 명확하게 파악한다

정시모집 대학별 전형방법

2018학년도 정시모집의 경우, 대부분의 대학에서 수시모집 시 이월된 인원을 포함하여 선발한다. 따라서 최초에 발표한 모집요강에서 모집인원수가 약간씩 바뀌며, 대개는 늘어난다. 그러므로 정시모집 원서를 넣기 전에 다시 한 번 지원 학과의 정원을 확인하는 것이 좋다.

다음은 정시모집 원서를 넣기 전에 알고 있어야 할 사항을 정리한 내용이다. 이 사항을 참고하여 지원해보자.

▶ 수능성적표를 꼼꼼하게 분석하라

수능성적표를 받은 후에는 자신이 받은 등급, 표준점수, 백분위를 꼼꼼하게 확인한다. 정시모집의 경우 표준점수를 반영하는 대학이 있는가 하면, 백분위를 반영하는 대학도 있기 때문이다. 상위권 대학은 주로 표준점수를, 중하위권 대학은 주로 백분위를 반영하는 경우가 많다. 따라서 자신의 성적을 보다 명확하게 분석하는 것이 필요하다.

▶ 각 과목별 반영비율을 확인하라

정시모집의 경우 대학에 따라 과목별 반영비율이 다르다. 국어·수학·영어·탐구를 25퍼센트씩 반영하는 것이 원칙이나, 실제로 이렇게 반영하는 대학은 많지 않은 편이다. 일반적으로 영어는 가산점을 주는 방식으로 되어 있으며, 인문계열은 국어·수학 각각 40퍼센트와 탐구 20퍼센트를, 자연계열은 국어

20퍼센트, 수학 35~40퍼센트, 탐구 35~40퍼센트를 반영하는 대학이 많다.

한국사는 감점 여부를 확인해야 한다. 대부분의 대학은 인문계열은 3등급, 자연계열은 4등급까지 만점을 주고 그다음 등급부터 감점을 하므로, 이 역시 각 대학홈페이지에서 확인하는 것이 좋다. 상대적으로 성적 좋은 과목의 반영비율이 더 높은 대학을 지원하는 것이 합격의 가능성을 높이는 길이다.

▶ 탐구 과목 수와 제2외국어 및 한문 과목의 반영을 확인하라

정시모집은 탐구 2개 과목을 평균 내어 반영하는 것이 일반적이다. 그러나 일부 대학에서는 탐구를 1개 과목만 반영하기도 한다. 탐구에서 1과목만 1등급을 받고 다른 과목 성적은 좋지 않은 학생이라면 추천하는 경우이다. 해당 대학에 지원한다면 상대적으로 점수가 올라가는 효과가 나타나기 때문이다.

또한 일부 대학에서는 제2외국어 및 한문 과목을 탐구 과목으로 대체할 수가 있다. 탐구 과목 성적은 좋지 않아도 제2외국어 및 한문 과목 성적이 좋은 학생이라면 추천하는 경우이다. 해당 대학에 지원한다면 상대적으로 점수가 올라가는 효과가 나타나기 때문이다. 자신에게 최대한 유리한 조건을 제시하는 대학을 찾는다. 그리고 그러한 대학에 지원하자.

▶ 탐구영역의 변환표준점수를 지원 대학홈페이지에서 확인하라

탐구는 선택과목이므로 여러 문제점을 유발할 수 있다. 특히 과목별 난이도에 따라 표준점수 차이가 심해질 수 있다는 점이 중요하다. 실제로 과거에는 가장 높은 과목과 가장 낮은 과목의 차이가 10점 이상인 적도 있었다. 이에 각 대학은 과목에 따라 변환표준점수를 시행하여 과목별 점수의 차를 줄이고 있다. 변환표준점수는 각 대학홈페이지에서 확인할 수 있으며, 정시모집에 지원하기 전에 반드시 확인해야 한다.

▶ 각 입시기관의 모의지원을 통하여 지원 대학을 결정해라

정시모집을 지원하기 전에 담임선생님과 상담은 기본이다. 여기서 각 입시기관의 모의지원을 활용하는 것도 좋은 방법이다. 하지만 일부 입시기관의 경우, 유료로 제공하므로 약간의 비용이 필요해진다. 이 비용이 아깝다고 생각될 수도 있지만, 만약 비용을 지불할 용의가 있다면 최대한 정보를 얻도록 하자. 그러나 입시기관의 정보만을 100퍼센트 신뢰하는 것은 옳지 않다. 다만 지원자 수가 많은 입시기관 일수록 좋은 결과가 나올 가능성도 그만큼 높아지므로 이를 참고한다.

▶ 각 군별 지원 계획을 점검하라

정시모집은 가군, 나군, 다군으로 나뉘며, 각 군별 1회씩 총 3회의 지원 기회가 있다. 이때는 각 군별 지원 계획을 명확하게 세워야 한다. 대개 적정, 소신, 상향의 3가지 지원으로 분류할 수 있다.

적정은 자신의 점수보다 낮은 대학을 지원하는 것으로, 합격 가능성이 아주 높다. 소신은 자신의 점수대와 거의 같거나 약간 높은 대학을 지원하는 것으로, 최초 합격보다는 추가합격을 목표로 지원하는 것이다. 마지막으로 상향은 글자 그대로 높은 대학에 지원하는 것으로, 사실 합격 가능성은 별로 높지 않다.

가군, 나군, 다군을 분석해보자. 먼저 가군과 나군에는 주력이라 할 수 있는 대학이 많다. 다군에는 상위권 대학이 많지 않으며, 주로 지방권 의대와 한의대가 최상위권 점수대를 형성하고 있다. 일반적으로 대학을 지원할 때는 가군과 나군 중에서 적정과 소신을 결정한 다음, 다군은 상향 지원하는 추세이다. 그러나 재수를 기피하는 경우라면 가군과 나군 모두 적정으로 지원하는 것을 추천한다. 또한 다군의 경우에는 지나친 상향 지원을 하는 학생들이 많은데, 이는 정말 운에 맡기는 선택이므로 잘 판단하여 지원해야 한다.

▶ 분할모집 대학의 경우에는 각 군별 모집인원을 확인하라

정시모집의 경우 일부 대학은 가군과 나군으로 분할모집을 실시한다. 이럴 경우 가군과 나군 가운데 어느 쪽이 더 유리할지 판단하는 것은 참으로 어렵다. 그렇다면 몇 가지 원칙을 정해놓고 이대로 실행해보자.

첫 번째, 모집인원을 확인하고, 해당 대학이 주력으로 인원을 선발하는 군에 지원한다. 다른 군에 비해 모집인원도 많으므로 처음에는 불합격하더라도 추가합격의 가능성이 높아지기 때문이다.

두 번째, 각 군별 분석을 통하여 자신에게 유리한 군으로 지원하는 것도 좋은 방법이다. 가군이 적정인지 나군이 적정인지를 결정하고, 만약 가군이 적정이라면 나군이 적은 인원을 모집하더라도 지원해볼 수는 있을 것이다.

▶ 각 학과별 모집인원을 확인하고 지원하라

대부분의 대학은 정시모집에서 많은 인원을 선발하지 않고 있다. 최근의 대학 입시 경향이 수시모집 중심이기 때문이다. 실제로 수시모집에서 70퍼센트 이상의 학생을 선발하고 있다. 그러므로 자신이 지원하려는 학과의 모집인원을 확인하는 것이 우선적이다. 모집인원이 적은 학과라면 최초 합격을 못 할 경우 추가합격의 가능성도 극히 낮기 때문이다. 특히 모집인원이 10~20명 이하라면 추가합격이 5명을 넘지 않을 가능성이 크다. 하지만 모집인원이 50명 이상인 일부 학과라면 그만큼 추가합격 인원도 많으므로, 예비번호에 따라 추가합격이 될 가능성이 높아진다. 따라서 정시 지원 점수가 불안한 경우라면 조금이라도 더 인원수가 많은 학과를 지원하는 것도 좋은 방법이다. 단, 너무 높은 학과는 지원을 피한다.

▶ 정시모집 지원 시 합격 가능성을 높이는 방법 1

누구나 알고 있듯, 정시모집에서 최초 합격이야말로 최선의 방법이다. 하지만 추가합격 역시 큰 기쁨을 안겨준다. 그렇다면 조금이라도 합격 가능성을 높일 수 있는 방법으로는 무엇이 있을까? 가장 보편적이면서 가장 중요한 방법을 제시한다.

첫 번째, 접수 마감 시간을 잘 활용한다. 어느 대학이나 접수 마감 시간이 정해져 있다. 가능하면 접수 마감 시간을 보고 가장 임박해서 지원을 한다. 이 경우에는 점수대가 비슷한 여러 대학의 접수 현황을 확인하고 지원해야 한다.

두 번째, 가장 낮은 학과는 지원을 피하는 편이 좋다. 어느 대학이나 낮은 학과들이 있기 마련이다. 하지만 낮은 학과일수록 지원자가 몰리는 현상은 매년 반복된다. '일단 합격하고 보자'는 식의 지원이 많기 때문이다. 낮은 학과의 합격점수가 상위권 학과의 합격점수만큼 올라가는 일이 빈번한 이유이다. 그러므로 다짜고짜 낮은 학과에 지원하는 것이 아니라 경쟁률을 살피면서 중위권이나 그 아래 대학을 지원하는 것도 방법이다.

세 번째, 학과 이름에 영어가 들어가거나 최근 이슈가 되고 있는 분야와 관련된 학과는 피하는 것도 좋다. 학생들의 지원 경향을 분석해보면 최근 올라가고 있는 분야의 선호도와 동반 상승하는 경우가 대부분이기 때문이다. 시스템(system)이나 바이오(bio), 나노(nano) 등이 들어가는 학과 역시 학과에 대한 막연한 기대감이나 이미지가 좋아서 지원자가 몰리는 경향도 발생한다. 따라서 이런 학과를 지원하고 싶다면 학교홈페이지를 잘 살펴보면서 어떤 공부를 하는지 반드시 확인하고 결정하는 편이 좋겠다.

▶ 정시모집 지원 시 합격 가능성을 높이는 방법 2

정시모집에서 합격 가능성을 높이는 또 다른 방법으로는 무엇이 있을까? 이번에는 성별에 따른 방법을 제시한다.

첫 번째, 남학생이나 여학생이 선호하는 학과로 지원을 고려해본다. 일반적으로 남학생들의 경우 인문계열은 경영학과나 경제학과, 자연계열은 의예과나 공대(전자공학, 기계공학)를 선호한다. 여학생들의 경우 인문계열은 국문학과나 영문학과의 어문학계열, 자연계열은 화학과나 생명과학과 같은 순수과학계열을 선호한다. 따라서 점수대가 애매한 경우에는 이런 학과를 제외하고 지원하는 것도 생각해볼 만하다.

두 번째, 남학생의 경우에는 지원 시 각 군에 대한 이동이 많은 편이고 여학생의 경우에는 이동이 적은 편이다. 물론 100퍼센트는 아니지만, 남학생들은 추가합격 시 학과와 상관없이 이동하는 경우가 많다. 그러나 여학생들은 대학보다 자신이 공부하려는 학과가 명확하여 이동하는 경우가 적다. 정시모집 추가합격자 현황의 통계를 보면 남학생의 이동이 더 많다는 사실을 알 수 있다. 꼭 합격해야 한다면 남학생들이 많이 지원하는 학과를 고려해보는 것도 방법이다.

세 번째, 여학생의 경우라면 여대 지원도 고려해본다. 남학생들이 남자만 많은 학과에 가기 싫어하는 것처럼, 여학생들도 여자만 있는 대학에 지원하는 것을 별로 내켜하지 않는다. 그러다 보니 서울권 여대의 경우 여학생 이동이 점점 늘어나는 추세이다. 왜냐하면 여대에 합격했어도 다른 남녀공학의 일반 대학에 동시 합격했다면 여대 등록을 포기하는 학생이 상당히 많기 때문이다. 따라서 점수대가 애매할 때는 최소 하나는 여대를 지원하라고 추천하는 바이다.

이것만은 기억하자

(1) 정시모집은 과목별 반영비율, 탐구 과목 수, 변환표준점수 등을 고려한 뒤에 지원해야 합격 가능성이 높아진다는 것을 기억하자.

(2) 각 군별 · 학과별 모집인원 분석, 남학생과 여학생의 선호학과 파악, 모의지원을 통한 정시모집 지원 계획 수립은 무엇보다 중요하다.

상위권, 중위권, 하위권별 전략 세우기

▶ 상위권 전략

정시모집에서 상위권 학생을 나누는 기준은 다음과 같다. 인문계열의 수능성적은 4과목 평균 1~1.5등급, 자연계열의 수능성적은 1~2등급이다.

정시모집은 가군, 나군, 다군의 군별로 1회씩만 지원 가능하므로 자신이 조금이라도 더 합격 가능성이 높은 대학을 지원해야만 한다. 하지만 여기서 유의할 것이 하나 있다. 대부분의 대학이 가군과 나군에 주력하기 때문에, 다군에는 지원할 수 있는 대학이 많지 않다는 점이다.

가군과 나군을 지원할 때는 합격 가능한 대학에 소신 지원을 해야 한다. 만약 가군이 소신 지원이라면 나군은 상향 지원하여 추가합격을 노리는 것이 가장 좋은 방법이며, 반대의 상황이라면 가군은 상향 지원을, 나군은 소신 지원을 한다.

최상위권 학생들의 경우 일반적으로 가군은 서울대, 나군은 연세대와 고려대, 다군 인문계열은 중앙대, 다군 자연계열은 지방권 의대를 선택한다. 그러므로 소신 지원을 할 때는 가군에서 서강대를, 나군에서 성균관대와 한양대를 지원하는 것도 좋은 방법이다. 또 다군의 서울권 대학 중에서 대표적인 홍익대·숭실대를 지원하는 것이 좋다.

정시모집에 지원할 때는 과목별 반영비율과 탐구의 경우 변환표준점수를 잘 확인하고 지원해야 한다. 일반적으로 인문계열은 국어·수학의 반영이 높은 편이고, 자연계열은 수학·과학탐구의 반영이 높은 편이다. 정시에서 중요한 것은 담임선생님이나 교육청, 정시모집설명회 등을 통한 충분한 상담 후에 지원해야만 합격 가능성을 높일 수 있다는 점이다.

▶ 중위권 전략

정시모집에서 상위권 학생을 나누는 기준은 다음과 같다. 인문계열의 수능성적은 4과목 평균 1.5등급, 자연계열의 수능성적은 4과목 평균 3등급이다.

중위권 학생들은 소신과 상향을 잘 구분해서 가군과 나군을 주력으로 지원하는 것이 좋다. 주로 대학보다는 학과를 중심으로 지원하라고 권한다. 만약 지원 학과를 결정하지 못했다면 모집인원이 많은 학과를 지원하는 편이 좋다. 앞에서도 이야기했지만 정시모집에 지원할 때는 모집인원이 적거나 학생들이 선호하는 학과를 지원하는 것은 피하는 편이 좋다.

남학생이나 여학생이 전통적으로 강한 학과는 피하고, 그렇지 않는 학과를 지원하는 것도 좋은 방법이다. 만약 가군과 나군을 소신으로 지원한 경우라면, 다군을 좀 더 상향 지원하는 것도 생각해볼 반하다. 다군의 경우 최초 합격점수는 아주 높지만 최종 합격점수는 얼마나 내려갈지를 알 수 없다. 특히 자연계열의 경우라면 더욱 최종 점수 예측이 불가능하다. 실제로 자연계열에는 전자공학과를 지원하여 예비번호 250번을 받았는데 추가합격으로 입학한 학생도 있었다. 이렇듯 중위권 학생들은 각 군별 지원전략을 잘 수립해야만 합격 당락도 함께 좌우된다는 점을 명심하자.

▶ 하위권 전략

정시모집에서 상위권 학생을 나누는 기준은 다음과 같다. 인문계열의 수능성적은 4과목 평균이 2등급부터, 자연계열의 수능성적은 4등급부터이다.

하위권 학생들은 중위권과 마찬가지로 대학보다는 학과를 중심으로 지원하는 편이 좋다. 또 소신과 상향으로 나누어 지원하길 추천한다. 때로는 하위권 학생들 가운데 4과목 중 1~2과목의 등급이 아주 낮은 경우를 볼 수 있는데, 이럴 때는 4과목을 전부 반영하는 대학보다는 과목별로 3과목을 선택할 수 있는 곳이 좋다. 과목을 선택 반영하는 대학을 중심으로 지원하는 것도 좋은 방법임을 잊지 말자.

다군을 잘 활용하는 것도 추천할 만한 방법이다. 중위권 전략에서도 이야기했지만, 다군은 최종 합격점수가 어떻게 될지 예측하기가 어렵다. 가군과 나군에 소신 지원을 했다면 다군은 추가합격을 목표로 하여 상향 지원하는 것도 고려해보자. 하위권 학생들은 자신에게 유리한 조건을 최대한 검토하고 결정하고 지원하는 전략이 무엇보다 중요하다.

Part

5

대학 입시의
A부터 Z까지

인문계열과 자연계열
정시 지원 가능 백분위
(서울·경기·인천 대학을 중심으로)

정시모집에서 정확한 합격점수를 예측하기는 참으로 어려운 일이다. 그러나 작년 성적을 기준으로 예측하면 대략적인 합격의 가이드라인을 확인할 수 있을 것이다.

다음은 수도권(서울·경기·인천) 대학을 중심으로 확인한 2016년 정시모집 합격자 성적을 가·나·다순 백분위로 나타낸 것이다.

대학명	모집 시기	계열	계열평균	비고(최고점)
가천대	나	인문	83.4	한의예과(인문) 97.9
		자연	81.2	의예과 98.0
가톨릭대	가	인문	82.6	간호학과(인문) 93.6
	다	자연	82.5	의예과 98.5
건국대	가	인문	90.4	글로벌비지니스학부 91.2
		자연	88.3	수의예과 94.9
	나	인문	86.0	기술경영학과 92.9
		자연	87.6	융합인재학부 89.6
	다	인문	87.5	경영학과 93.2
경기대	서울	인문	86.3	호텔경영학과 88.7
	수원	인문	81.4	경찰행정학과 90.6
		자연	75.4	화학공학과 78.9
경희대	가	인문(서울)	94.6	한의예과(인문) 98.5
		자연(서울)	91.9	의예과 98.2
	나	인문(국제)	90.9	경영학부 95.2
		자연(국제)	88.0	화학공학과 91.3
고려대	나	인문	96.5	경영학과 97.0
		자연	94.3	의학과 98.0
광운대	가	자연	83.0	전자공학과 84.1
	나	인문	85.0	미디어영상학부 85.4
	다	인문	86.1	행정학부 86.9
		자연	82.4	전자융합공학과 85.8

국민대	가	인문	89.4	경영학부(경영통계)90.6
		자연	83.1	자동차공학과 87.9
	나	인문	88.7	국제학부(인문) 89.8
		자연	83.6	자동채IT융합학과 89.3
단국대	가·나	인문(죽전)	88.4	국제경영학과 90.5
		자연(죽전)	81.4	모바일시스템공학과 84.2
대진대	다	인문	55.8	경영학과 70.5
		자연	64.7	간호학과 79.5
덕성여대	가·나	인문	84.1	유아교육과 93.3
		자연	83.8	Pre—Pharm Med학부 90.3
동국대	가	인문	91.5	경찰행정학부 94.8
		자연	85.0	화공생물공학과 87.3
	나	인문	85.5	국어교육과 92.4
		자연	86.2	통계학과 88.3
동덕여대	나	인문	62.6	문예창작학과 80.6
		자연	79.8	보건관리학과 80.4
	다	인문	76.5	국제경영학과 83.9
		자연	81.4	정보통계학과 82.5
명지대	가·다 (표준점수 수능 1,000점)	인문	671.7	문예창작학과 677.7
		자연	663.1	컴퓨터공학과 671.4
삼육대	나·다	인문	77.9	자유전공학부 82.9
		자연	78.0	간호학과 88.8

대학	군	계열	점수	최고 학과
상명대	나	인문	83.6	글로벌경영학과 85.0
		자연	82.6	의류학과 85.0
	다	인문	87.6	국어교육과 89.0
		자연	82.0	수학교육과 82.0
서강대	가 (환산점수)	인문	527.5	커뮤니케이션학부 528.3
		자연	505.9	기계공학과 507.2
서경대	다 (환산점수)	인문	791.7	문화콘텐츠학부 801.9
		자연	784.4	금융정보공학과 822.4
서울대	가 (평균등급)	인문	1.23	경영학과 1.1
		자연	1.22	의예과 1.0
서울과기대	가 · 나	인문	82.0	글로벌경영학과 89.8
		자연	81.6	글로벌융합산업공학 86.4
서울시립대	가	인문	93.6	세무학과 95.8
		자연	89.4	기계정보공학과 91.3
서울여대	나	인문	85.5	교육심리학과 89.4
	다	인문	86.6	시각디자인학과 86.9
		자연	87.5	자율전공학부(자연) 90.1
성균관대	가 (평균등급)	인문	1.5	글로벌경영학과 1.5
		자연	1.8	의예과 1.1
성신여대	가 · 나	인문	74.7	간호학과(인문) 94.2
		자연	87.1	통계학과 92.3
세종대	나	인문	89.2	호텔관광외식경영학과 90.8
		자연	83.2	바이오융합공학과 85.9

대학	군	계열	점수	학과
숙명여대	가	인문	79.3	시각영상디자인학과 85.5
	나	인문	90.1	글로벌서비스학부 91.8
		자연	85.9	통계학부 88.9
숭실대	가	인문	88.6	글로벌통상학부 90.5
		자연	87.1	소프트웨어학부 87.9
	나	인문	87.9	금융학부 91.1
		자연	86.2	정보통계보험수리학과 87.0
	다	인문	89.5	벤처중소기업학과 90.6
		자연	83.9	전자공학과 90.6
연세대	나	인문	96.9	경영학과 98.0
		자연	94.7	의예과 98.4
이화여대	가	인문	95.4	의예과(인문) 99.1
		자연	91.7	의예과(자연) 97.3
인천대	가	인문	78.3	국어교육과 88.6
		자연	75.2	에너지화학공학과 81.2
	다	인문	83.5	동북아국제통상학부 92.7
		자연	76.0	임베디드시스템공학과 80.2
인하대	가 · 나	인문	87.3	아태물류학부 92.8
		자연	85.7	의예과 96.2
중앙대	가 · 나 · 다	인문	95.1	공공인재학부 95.5
		자연	91.7	의학부 97.8
한국외대	가 · 나 · 다	인문	94.2	Language&Diplomacy 학부 95.9
		자연	74.8	통계학과 77.4

한국항공대	나 · 다 (평균등급)	인문	2.4	경영학과 2.4
		자연	2.44	항공운항과 1.7
한성대	가	인문	75.5	경영학부 80.0
		자연	71.1	기계시스템공학과 76.1
	다	인문	75.2	행정학과 81.4
		자연	70.9	전자정보공학과 75.0
한양대	가	인문	95.5	파이낸스경영학과 96.4
		자연	92.8	미래자동차학과 94.9
	나	인문	94.9	정책학과 96.5
		자연	92.5	의예과 97.7
홍익대	나 (환산점수)	인문	385.5	자율전공학부 391.9
		자연	376.2	전자전기공학부 377.1
	다 (환산점수)	인문	500.5	법학부 510.5
		자연	378.5	건축학부 383.0

자신의 희망 대학을 찾아보고, 어느 정도 백분위를 받아야 합
격할 수 있는지 확인해보자. 점수 발표가 없는 일부 대학은 제외
하였다.

자신이 지원하려는 대학의 백분위가 어느 정도인지 확인하는
것은 정말 중요하다. 그러나 백분위 확인과 분석에서만 끝내면 안
된다. 이 백분위가 다음 해에도, 그다음 해에도, 그대로 적용될 리
는 없기 때문이다. 따라서 충분한 상담을 받고 지원 대학과 지원
학과를 정해야 한다.

2019학년도 대학 입시 안내

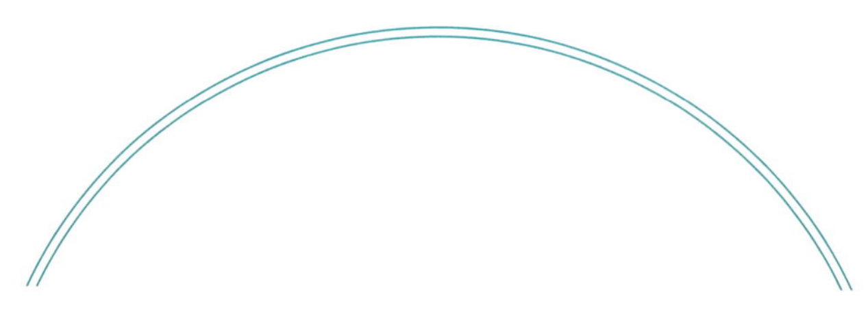

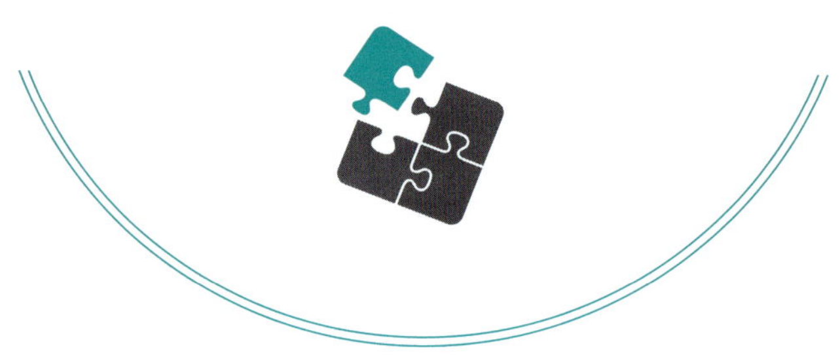

2019학년도 대학 입시 관련 요강은 아직 발표된 것이 없다. 그러나 2018학년도를 기반으로 추정해보면 다음과 같을 것으로 예상된다.

각 과목별 입시 내용 추정

- 국어: 수준별 수능이 폐지된 이후에 비슷한 경향을 보일 것으로 예상

- 수학: 인문계열은 '나형', 자연계열은 '가형'의 구분 지속

- 영어: 2018년 절대평가제 도입을 그대로 유지

- 탐구: 최대 2과목의 선택과목을 유지

- 제2외국어: 9과목 중에서 1과목 선택을 유지

- 한국사: 필수과목 지정 유지

영어절대평가제 도입 유지

2018학년도에는 대부분의 대학이 수시모집과 정시모집에서 영어를 기준 통과에 중점을 두거나 감점하는 방식으로 진행한다. 2019학년도 역시 비슷한 방식을 유지할 것으로 예측된다.

영어는 원점수 만점이 100점이며, 등급 간 점수 차이는 10점으로 분할하여 등급을 부여한다.

자연계열 의과대학 정원 증가 예상

■ ■ ■

　2019학년도 대학 입시의 가장 큰 이슈는 의과대학의 정원 증가라 해도 과언이 아니다. 의과대학 정원이 늘어나는 이유는 의학전문대학원의 폐지로 인해 부족해진 인원을 의과대학으로 돌리기 때문이다. 자연계열에서는 의과대학이 최상위권 점수를 유지한 지 이미 오래이다. 의과대학 정원이 늘어난다는 것은 여러 가지 다양한 변수 발생의 가능성을 시사한다.

　다음의 표를 살펴보자. 2016학년도부터 2019학년도까지 전국 36개 의과대학의 모집인원수의 변화를 나타낸 것이다. 2017학년도부터 모집인원이 꾸준히 증가하여 2019학년도에 가장 많이 늘어나는 것을 확인할 수 있다.

　2019학년도에는 2018학년도에 비해 정원이 307명이나 늘어난다. 그러므로 그만큼의 최상위권 학생들을 흡수할 것이라고 예상할 수 있다. 이 여파는 서울대 · 연세대 · 고려대의 공과대학 합격선의 소폭 하락으로 연장될 것이라 예측된다. 의과대학 정원의 증가는 자연계열의 큰 변수가 될 것이라고 확신하는 바이다.

대학명	2019학년도	2018학년도	2017학년도	2016학년도
서울대	135	135	95	95
연세대	110	110	77	77
연세대(원주)	93	93	93	93
고려대	106	106	106	74
성균관대	40	40	40	28
한양대	110	110	110	77
이화여대	76	53	53	53
중앙대	86	86	86	60
경희대	110	77	77	77
가톨릭대	93	65	65	65
아주대	40	40	40	28
인하대	49	34	34	34
가천대	40	28	28	28
단국대	40	40	40	40
충남대	110	77	77	77
충북대	49	49	49	34
울산대	40	40	40	40
부산대	125	88	88	88

경북대	110	77	77	77
전남대	125	125	125	88
전북대	110	77	77	77
동아대	49	49	49	34
영남대	76	76	76	53
경상대	76	53	53	53
조선대	125	88	88	88
가톨릭관동대	49	49	49	49
한림대	76	76	76	76
건양대	49	49	49	49
계명대	76	76	76	76
고신대	76	76	76	76
대구가톨릭대	40	40	40	40
순천향대	93	93	93	93
원광대	76	76	76	76
을지대	40	40	40	40
인제대	93	93	93	93
서남대	49	49	49	49
합계	**2,840**	**2,533**	**2,460**	**2,255**

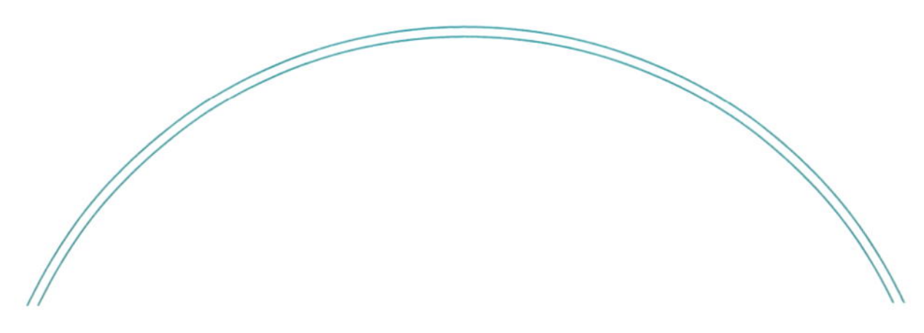

입시 용어 알기

원점수와 등급

'원점수'란 수능에서 응시자가 맞춘 문항에 대하여 처음부터 부여된 배점을 그대로 합산한 점수이다.

보통 국어·수학·영어는 100점 만점이고, 사회탐구·과학탐구·한국사·제2외국어 및 한문은 50점 만점이다. 따라서 2016

년도의 수능에서 전 과목 만점을 받을 경우, 자연계열의 원점수 총합은 450점, 제2외국어 및 한문을 응시한 인문계열의 원점수 총합은 500점이다.

'등급'이란 전체 응시자를 개별 응시자가 속해 있는 해당 과목에 대한 누적 백분위를 이용하여 9등급으로 표시한 방법이다.

일반적인 등급별 비율은 1등급을 4퍼센트, 2등급을 11퍼센트, 3등급을 23퍼센트, 4등급을 40퍼센트, 5등급을 60퍼센트, 6등급을 77퍼센트, 7등급을 89퍼센트, 8등급을 96퍼센트, 9등급을 100퍼센트로 표시한다. 따라서 모든 과목이 1등급이더라도 전부 다 맞은 것이 아니기 때문에, 같은 1등급 안에서도 몇 퍼센트로 1등급인지가 중요하다.

표준점수, 백분위, 변환표준점수

'표준점수'란 수능에서 응시자가 선택한 영역과 과목에 대한 난이도의 차이를 극복하고자, 원점수를 기본으로 하여 상대적으로 다시 산정한 점수이다. 보통 표준점수는 개개인의 상대적 위치나 성취 수준에 대한 정보를 제공하기 위한 것이다.

표준점수를 계산하는 방법은 다음과 같다. 응시자 개인의 원점수에서 자신이 속한 집단의 평균점수를 뺀 다음, 이를 수험생이 속한 집단의 표준편차로 나누어 산출하고, 산출된 점수에 표준편차를 곱한 뒤 평균점수를 더하면 표준점수가 나온다.

영역별 표준점수의 범위는 다음과 같다. 국어·수학·영어 3영역 표준점수 범위는 0~200이고, 평균은 100이며, 표준편차는 20이다. 사회탐구·과학탐구·한국사·제2외국어 및 한문의 2영역 표준점수 범위는 0~100이고, 평균은 50이며, 표준편차는 10이다. 따라서 과목 난이도가 높은 경우에는 1등급 표준점수가 함께 높아지고, 과목 난이도가 낮은 경우에는 함께 낮아진다.

'백분위'란 각 계열별 전체 응시자 중에서 자신이 받은 점수보다 더 낮은 점수를 받은 학생이 몇 퍼센트인지를 알려주는 표시 방법이다.

예를 들어 응시자의 수학 과목 백분위가 90퍼센트라고 한다면, 전체 응시자 중에서 자신보다 점수 낮은 학생의 비율이 90퍼센트라는 뜻이다. 백분위는 동일한 등급일 경우에는 상대적인 위치를 알게 해준다. 같은 1등급이라도 백분위가 99퍼센트인 학생이 96퍼센트인 학생보다 더 좋은 성적을 얻은 것이므로 합격할 가능성도 높아진다.

'변환표준점수'란 각 과목의 난이도를 고려하여 표준점수를 변환하는 점수이다.

대부분의 대학에서는 선택과목이 있는 탐구영역 성적을 반영할 때 변환표준점수를 사용한다. 변환표준점수는 수능에 따라 매년 달라지며, 정시모집 때 각 대학홈페이지에서 확인할 수 있다. 아울러 탐구영역의 난이도에 따라 달라지므로 지원할 때는 반드시 확인해야 한다.

수능 반영비율, 학년별 반영비율, 실질 반영비율

'수능 반영비율'이란 수능 과목을 일정한 비율로 나누어서 반영하는 것이다.

일반적으로는 국어·수학·영어·탐구를 각각 25퍼센트씩 반영한다. 하지만 대부분의 대학은 인문계열은 국어·수학·영어를 각각 30퍼센트, 탐구를 10퍼센트 반영하는 경우가 많으며, 자연계열은 수학·탐구를 각각 30퍼센트, 국어·영어를 각각 20퍼센트 반영하는 경우가 많은 편이다. 따라서 과목별 수능 반영비율이 다르기 때문에 반영비율이 높은 과목의 성적이 좋아야 절대적으로 유리해진다.

'학년별 반영비율'이란 수시모집이나 정시모집에서 학년별로 학생부를 반영하는 비율이다.

학년별 반영비율은 대학마다 차이가 있지만, 대개 1학년 20퍼센트, 2학년 40퍼센트, 3학년 40퍼센트를 반영하고 있다. 서울대와 교육대학 같은 일부 대학을 제외한 대부분의 대학의 경우, 인문계열은 국어·수학·영어·사회를, 자연계열은 국어·수학·영어·과학을 반영한다. 또한 수시모집은 3학년 1학기까지, 정시모집은 3학년 2학기까지 전체 학년의 학생부를 반영한다.

'실질 반영비율'이란 실제적으로 학생부가 전형 총점에 미치는 비율이다.

일반적으로는 학생부 50퍼센트 + 논술 50퍼센트이다. 전형 총점이 800점인 대학을 예로 들자면 학생부 최고점이 400점이고 최저점이 320점일 경우, 학생부가 전형 총점에 미치는 실제 영향은 80점(400점 − 320점)이며 실질 반영비율은 10퍼센트(80/800) 정도가 된다. 그러나 학생부의 최고점과 최저점 차이가 크다면 실질 반영비율도 높아진다. 실질 반영비율은 대학마다 각각 차이가 있으며, 만약 실질 반영비율이 낮은 경우라면 학생부성적이 합격에 미치는 영향이 적은 편이다.

수능 최저학력기준과 가산점

■ ■ ■

'수능 최저학력기준'은 각 대학이 수시모집에서 전형별로 정한 수능기준이다.

일반적으로 상위권 대학일수록 국어 · 수학 · 영어 · 탐구 4과목을 기준으로 인문계열은 3과목 2등급 이내, 자연계열은 2과목 2등급 이내인 경우가 많다. 중위권 대학일수록 조금씩 기준이 낮아지며, 인문계열은 4과목 중 2과목 2등급, 자연계열은 4과목 중 2과목 합 5등급을 요구한다. 수능 최저학력기준이 중요한 이유는 몇 번이고 강조해도 부족함이 없다. 다른 조건이 아무리 좋더라도 수능 최저학력기준을 만족하지 못하면 불합격 처리되기 때문이다.

'가산점'은 수능점수를 반영할 때 수학이나 과학탐구 같은 과목에서 추가로 점수를 더해주는 것이다.

보통 수학 가형이나 과학탐구Ⅱ에서 몇 퍼센트씩 더하여 주고 있다. 대표적인 예로 '서울대의 과학탐구Ⅱ+Ⅱ'의 경우 과학탐구Ⅱ과목을 2개 하면, 모집 단위별 수능 총점 1배수 점수 폭에 준하여 가산점을 준다. 한양대의 경우 과학탐구 Ⅱ과목에 변환 표준점수의 3퍼센트에 해당하는 가산점을 부여한다. 따라서 상위권 대학에 진학하는 경우라면 가산점 있는 과목을 선택하는 것이 꽤 유리할 수도 있다.

교과와 비교과

■ ■ ■

'교과'란 고등학교에서 배우는 모든 과목을 의미한다.

교과의 경우 유사한 여러 과목을 합쳐서 부르기도 한다. 예를 들어보자. '과학교과'라고 칭한다면 이는 과학·물리Ⅰ·화학Ⅰ·생명과학Ⅰ·지구과학Ⅰ·물리Ⅱ·화학Ⅱ·생명과학Ⅱ·

지구과학Ⅱ의 여러 과목을 뜻하는 것이다. 일반적으로 말하는 '내신'이 바로 교과에 해당하는 것이다.

'비교과'란 교과 외의 모든 활동을 의미한다.

출결, 동아리활동, 봉사활동, 자율활동, 진로활동, 각종 수상 및 자격증 등이 있다. 최근에는 학생부종합전형이 대세처럼 등장하였는데, 이 전형의 특징 중 하나는 비교과를 많이 본다는 것이다. 비교과는 고등학교 1학년 때부터 관리하는 것이 중요하며, 이때 자신의 진로와 적성에 걸맞은 내용을 찾아서 준비하는 것이 중요하다.

학생부교과전형

‘학생부교과전형’이란 대학 수시모집에서 학생부교과영역을 주된 전형요소로 활용하는 입시전형이다.

학생부교과전형은 대학별로 다르지만 어느 정도 공통점이 있다. 보통 1단계는 교과 100퍼센트로, 2단계는 심층면접이나 구술면접으로 선발한다.

일반적으로 인문계열은 국어·수학·영어·사회교과를 반영하지만, 일부 대학에서는 국어·영어·사회교과나 국어·수학·영어·사회·과학교과 또는 전 과목을 반영하기도 한다. 자연계열은 국어·수학·영어·과학교과를 반영하지만, 수학·영어·과학교과나 국어·수학·영어·사회·과학 또는 전 과목을 반영하기도 한다. 예체능계열은 국어·영어·사회교과를 반영하는 대학이 많으나, 국어·영어를 필수로 하고 음악·미술·체육 같은 특정과목을 지정하는 경우도 있다. 하지만 이 경우에는 학생부교과성적이 합격 당락을 좌우하므로, 신중하게 판단하여 지원해야 한다.

학생부종합전형

■ ■ ■

'학생부종합전형'이란 학생부교과 외의 비교과를 주로 보는 전형이다.

다양한 서류와 면접 등을 통하여 입학사정관이 지원자의 잠재력과 창의성을 선발하는 데 목적이 있다. 학생부종합전형은 지원자의 성적도 중요하지만 소질과 적성, 자기 주도성, 발전 가능성, 인성, 학업의지 등을 종합적으로 평가한다. 따라서 고등학교 3년 동안 지원자가 한 활동을 정리하여 자기소개서에 잘 담아 옮기는 것이 중요하다. 교사추천서도 있으므로 자신을 잘 알고 있는 선생님께 추천서를 부탁하는 것이 좋다.

그러나 학생부종합전형에서 놓치기 쉬운 것은 교과도 반영된다는 점이다. 일부 대학의 전형요강을 보면 교과 반영이 40~50퍼센트나 되므로, 무조건 비교과가 많으면 합격된다는 생각은 버려야 한다.

일반전형과 논술전형

■ ■ ■

'일반전형'이란 고등학교 과정을 마친 모든 학생들에게 적용되는 제한 없는 전형이다. 대부분의 대학에서는 '논술전형'이라는 명칭을 같이 사용한다.

일반전형은 학생부교과 + 논술을 합산하여 합격자를 발표하는 경우가 많다. 논술문제의 경우 인문계열은 지문제시형, 수리

논증형, 통합교과형, 언어논술 등 다양한 분야에서 출제한다. 자연계열의 경우 수학문제만 출제하는 대학, 수학 + 과학을 출제하는 대학으로 나눌 수가 있다. 과학은 물리·화학·생명과학을 출제하는 대학이 많으며, 상위권 대학 중에는 Ⅰ과 Ⅱ를 나누어서 출제하는 경우도 있다. 지구과학은 최상위권 대학 한정이므로, 다른 과학 과목에 비하여 일정 부분 불리할 수도 있다.

일반전형은 대부분 수능 최저학력기준이 있으므로, 수능 최저학력기준을 넘기는 것이 무엇보다 중요하다. 각 대학의 수능 최저학력기준은 모집요강에서 확인할 수 있다.

적성고사전형

■ ■ ■

'적성고사전형'이란 대학에서 교육을 받는 데 필요한 기본적인 학업 능력과 사고력을 평가하는 대학별 시험이다.

일반적으로 수능 수준의 높은 지식을 요구하지 않으며, 중학교에서 고등학교까지 배우는 교과 지식과 일반 상식을 요구한다. 하지만 이 전형에는 짧은 시간 안에 많은 문제를 풀어야 한다는 제약이 있다. 학생부 등급이 4~5등급으로 좋은 편이 아니고, 수능에 자신이 없으며, 논술전형 준비도 거의 한 적이 없는 학생이라면 적성고사전형에 도전해볼 만하다.

적성고사는 크게 국어 · 영어 · 수학 문제를 나누어 출제하며, 이 중에서 국어 · 수학을 출제하는 대학이 조금 더 많다. 국어에는 언어 규칙 · 어휘 유추 · 어휘 응용 · 문장과 글 · 논리 추론 · 한자 · 영어 등이, 수학에는 공간 추리 · 수 추리 · 수 · 식 · 도형 · 수리 응용 · 확률과 통계 · 미적분 등이 포함된다. 문항 수는 50~60개 정도이며 60~80분 안에 풀어야 한다. 문제의 난이도는 아주 쉬운 것부터 꽤 어려운 것까지 다양하지만, 수능보다는 쉬운 편이다. 이 전형 역시 학생부교과성적이 반영되므로 학생부와 적성고사 성적을 합산하여 합격자를 선발한다.

특별전형: 사회배려자, 사회공헌자, 국가유공자 등

'특별전형'이란 특정한 조건에 해당되는 지원자만 지원할 수 있는 전형이다.

대표적으로 사회배려자, 사회공헌자, 기회균형, 국가유공자 등의 전형이 있다. 각 대학마다 전형명이 조금씩 다르므로 모집요강을 잘 확인해야 한다. 이 전형에 해당되는 대상은 기초수급자, 차상위계층, 국가유공자 등으로 선발인원은 아주 적지만, 해당 학생 수가 일반전형이나 논술전형에 비교해 아주 적기 때문에 상대적으로 합격률이 높다.

원래는 이 전형에도 수능 최저학력기준이 있었으나 점점 없어지는 추세이다. 해당 조건에 부합하는 학생이라면 일단 지원해보자. 이 전형은 주로 수시모집에 있으며, 간혹 일부 대학은 정시모집에서도 선발하므로 수능을 치르고 난 후 고려해보는 것도 좋다.

대학 입시를 여러 번 경험해본 전문가의 입장에서 입시에 대한 정확한 정답을 찾아내기란 참으로 어려운 일이다. 학생들마다 주어진 상황도 조건도 모든 것이 다르기 때문이다. 학생 2명의 조건이 동일한 상황이라 해도 어떤 전형을 선택하는지에 따라 결과가 달라진다. 그렇기에 대학 입시에서 합격 가능성을 조금이라도 높이려면 어떤 전형이 자신에게 아주 조금이라도 더 유리한지를 판단할 수 있어야 한다. 이제 본문에서 강조했던 내용 중에서 가장 중요한 몇 가지만 다시 짚으며 이 책을 마무리하려 한다.

• 대학 입시는 고등학교 진학과 동시에 시작이라는 점을 명심하자. 미

리 준비할 수 있는 여건만 따라준다면 고3 때 시작하는 것보다는 하루라도 빨리 시작하는 것이 유리하다

- 수시모집에서는 학생부교과 → 학생부종합 → 논술전형 혹은 적성전형순으로 지원한다

- 특별전형을 지원할 수 있는 학생이라면 특별전형부터 시작하는 순서로 지원을 결정해야 합격 가능성이 높아진다

- 대학수학능력시험에서 좋은 성적을 거두는 것이 가장 중요하다

이 4가지는 누구나 알고 있는 아주 쉬운 방법이지만 가장 어려운 방법이이기도 하다. 사실 대학 입시에서 좋은 결과를 내는 데에는 수능이라는 가장 단순한 방법이 있지만, 보통은 이 방법을 가장 나중에 떠올린다.

다시 한 번 강조한다. 고1 때부터 충분한 준비가 있어야 좋은 결과를 얻을 수 있다. 이 책에서 제시한 고등학교 1학년: 입시의 시작 → 고등학교 2학년: 입시의 준비 → 고등학교 3학년: 대학 진학의 순서대로 준비할 수 있도록 학생과 학부모가 함께 노력해보자. 노력은 결코 배신하지 않는다.

진짜 공신들의 고등 3년 대입 마스터플랜

초판 1쇄 인쇄 2016년 12월 23일
초판 1쇄 발행 2017년 1월 2일

지은이 배준우
발행인 조상현
편집인 봄눈 김사라
디자인 김성엽의 디자인모아

펴낸곳 더디퍼런스
등록번호 제2015-000237호
주소 서울시 마포구 마포대로 127, 304호
문의 02-725-9988
팩스 02-6974-1237
이메일 thedibooks@naver.com
홈페이지 www.thedifference.co.kr

ISBN 979-11-86217-61-0 (13370)